In 30 Tagen
zum neuen
Ich

HEEL Verlag GmbH
Gut Pottscheidt
53639 Königswinter
Tel.: 02223 9230-0
Fax: 02223 9230-13
info@heel-verlag.de
www.heel-verlag.de

Zuerst erschienen in Frankreich unter dem Titel:
30 Jours pour changer de vie
Copyright © Larousse 2018
ISBN 978-2-03-594473-3

Deutsche Ausgabe:
Übersetzung: Christa Trautner-Suder, Weilheim
Satz: Axel Mertens
Lektorat: Hannah Kwella
Coverdesign: Christine Mertens

Printed in Czech Republic

ISBN 978-3-95843-947-4

Anna Austruy

In 30 Tagen zum neuen Ich

PLAZA

Einleitung

»Herzlich willkommen liebe Leserin, lieber Leser! Ich muss dir etwas gestehen … Ich habe mir viele tausend Fragen gestellt, um dich bestmöglich zu begleiten: diesen Leitfaden habe ich mit der Absicht geschrieben, dir den Weg zu einem ICH zu ermöglichen, das dir wirklich entspricht und dich beruhigt, das dich anregt und träumen lässt, das dich heiter und selbstbewusst macht und dich gleichzeitig zu einer effizienten, gelassenen und positiv eingestellten Person wachsen lässt!
Einen perfekten Menschen werde ich aus dir nicht machen, denn auch ich bin nicht perfekt und möchte es auch gar nicht sein. Du sollst vielmehr eine einmalige Person werden, die Flagge zeigt, ihre eigenen Entscheidungen trifft, an sich glaubt, sich heute noch mehr liebt als früher und sich ohne Angst auf eine sehr entspannte Zukunft zubewegt. «

➡ **Wenn du bereits glücklich und zufrieden bist mit deinem Leben:** Dank dieser Anleitung werden Glück und Zufriedenheit noch weiter zunehmen.
➡ **Und wenn du es nicht bist:** Gemeinsam werden wir Schritt für Schritt vorankommen. Ich habe Lust, dir dabei zu helfen, die Hürden zu überwinden und diese Komfortzone zu verlassen, die dich an Ort und Stelle festnagelt und daran hindert, voranzukommen und dich zu entwickeln.

Wie bin ich Coach geworden?

Ich höre dich schon sagen, dass die persönliche Weiterentwicklung etwas für Leute ist, die sich in ihrer Haut nicht wohlfühlen, etwas für Schwärmer, eine Sache, die aus den Vereinigten Staaten kommt, dass es etwas für Reiche ist, einen Coach zu haben … Ehrlich gesagt dachte ich genau so und fragte mich, wer das mitmachen würde.
Und dann sah ich eines Tages auf YouTube ein Video eines Mannes in schwarzem Anzug, der vor einem tobenden Publikum auf einer Bühne hin und her ging. Der Redner war ein ehemaliger Hockeyspieler und erzählte, er sei beinahe gestorben und erst danach sei ihm bewusst geworden, was für ihn und sein künftiges Leben wirklich wichtig ist.

Wertvolle Merksätze

➡ Alles, was dir geschieht, ist willkommen, um im Leben voranzukommen.
➡ Ich bin mir sicher, dass ein neuer Blickwinkel genügt, das eigene Leben anders zu sehen und seinen wahren Wert zu schätzen.
➡ Ich wünsche mir, so schnell wie möglich das Beste von dir zur Geltung zu bringen.

Es war faszinierend, der Haken war nur, dass er Kanadier war und ich mir nicht vorstellen konnte, ein Flugticket nach Kanada zu kaufen, um mit ihm zu diskutieren. Also schaute ich mir von meinem Sofa aus weiterhin die Videos von Martin Latulippe an. Ich entdeckte noch einen anderen prägnanten, wohlwollenden und witzigen Redner, David Lefrançois, der in Frankreich lebt und für mich daher leichter erreichbar war. Ich erfuhr von seinen Ausbildungskursen zum Coach in Motivierenden Neurowissenschaften am INA, dem Institut des Neurosciences appliquées (Institut für angewandte Neurowissenschaften).
Ein Jahr später (für wichtige Entscheidungen in meinem Leben brauche ich immer eine gewisse Zeit) habe ich mit der Ausbildung begonnen und wieder ein Jahr später hielt ich mein Zeugnis mit der **Note sehr gut** in Händen. **Ich wurde Master-Coach und Supervisor!**
Martin und David sind zwei fantastische Mentoren, die es mir ermöglicht haben, mich besser kennenzulernen, nicht mehr an mir zu zweifeln, zu akzeptieren was mir widerfährt, auch bei einer unangenehmen Erfahrung, mich auf das zu konzentrieren, was ich will und was ich nicht will und noch Vieles mehr!
Für mich ist das Glück, wie denkst du darüber?

Welche Rolle habe ich als Coach und wie wird dieser Leitfaden dir helfen, dich zu verändern?

Glaube ja nicht, ein Coach gehe militärisch vor und würde dich anschreien! Nein, ein Coach ist da, um dir zu helfen, dich selbst besser zu verstehen. Er ermöglicht es dir, Veränderungen einzuleiten: sei es, um mehr Selbstvertrauen aufzubauen, dir eine andere Arbeit zu suchen, mehr Geld zu verdienen oder endlich zu Hause gründlich aufzuräumen!

Wie groß ist mein Wunsch nach Veränderung?

Umkringle deine Antwort.

1 - 2 - 3 - 4 - 5 - 6 - 7 - 8 - 9 - 10

Und los geht's!

Ein Coach hat keine fertigen Lösungen parat: er hört zu und stellt individuelle Fragen, um die Samenkörner für Veränderungen zu pflanzen. Die Mittel für das Erreichen deiner Ziele hast du bereits in dir, auch wenn du es noch nicht weißt, versprochen! Die Tatsache, dass du dieses Buch in Händen hältst, spricht dafür, dass du auf jeden Fall Lust hast, dein Leben zu verändern!

Dieses Buch übernimmt die Aufgabe eines Coaches: es stellt dir Fragen zu verschiedenen Lebensbereichen: Mangelt es dir an Selbstvertrauen? Schläfst du schlecht? Bist du zu schüchtern? Hast du Blockaden? Die Zeichen stehen auf BILANZIEREN mit nachfolgender VERÄNDERUNG. Ich möchte dir gerne dabei helfen, **mit Veränderungen zu beginnen**. Es ist bereits ein wichtiger Schritt, überhaupt etwas verändern zu wollen, dies ist in jedem Fall besser, als nichts zu tun, vergiss das nicht.

Vielleicht bezweifelst du, dies zu schaffen, ich bin jedoch davon überzeugt, dass es dir mit der nötigen Lust und mit Hilfe guter Methoden gelingen wird. Coaching betrachte ich als eine Art »Neuro-Booster«. Jedesmal, wenn du auch wirklich tust, was du sagst, wächst dein Selbstvertrauen! Auftrieb erhält deine Motivation immer dann, wenn dir mehrere Dinge bewusst werden:

➡ **Die Bedeutung, die du deinem Vorhaben gibst,** was du wirklich willst, was du unbedingt vermeiden willst oder was du lernen willst.

➡ **Und, um die Motivation auch langfristig zu behalten,** Spaß, Freunde, schallendes Gelächter, Vergnügen, Freude, Wohlbefinden.

Belohne dich nach jeder Etappe, jedem kleinen Fortschritt! Keinesfalls masochistisch werden! Sei stolz auf jeden Fortschritt, jeden kleinen Schritt hin zur Veränderung: Stolz setzt ein Hormon frei, DHEA (Dehydroepiandrosteron), das auch als Anti-Aging-Hormon bezeichnet wird. Hallo auch, Jungbrunnen!

Was will ich verändern?

Wie lauten meine Ziele?

Bevor wir beginnen, möchte ich DANKE sagen dafür, dass du mir vertraust und BRAVO wegen dieses Geschenks, das du dir selbst machst: Du hältst diesen Leitfaden in Händen und hast beschlossen, dich zu verändern! Das ist bereits eine schöne Art, für dich selbst zu sorgen und dich selbst mehr zu lieben.

Mein Programm
für 30 Tage zum neuen Ich

Wie funktioniert dieser Leitfaden? 10

1. Woche

Tag 01 Ich at-me! Eine frische Brise … und gute Gesundheit 12
Tag 02 Ich habe meine Werte, außerdem bin ich selbst Gold wert! 16
Tag 03 Prokrastinations-Alarm! 21
Tag 04 Ich schalte den Automatikmodus ab 26
Tag 05 Ich bewege meinen Körper. Dafür ist immer Zeit … 30
Tag 06 Ich verbessere meine äußere Erscheinung. Spieglein, Spieglein an der Wand … 34
Tag 07 Ich stehe mit dem richtigen Fuß auf. Damit es ein schöner Tag wird 38
Meine Bilanz der 1. Woche 42

2. Woche

Tag 08 Ich sage NEIN. Und ich werde anspruchsvoller 46
Tag 09 Ich schlafe wie ein Baby 50
Tag 10 Ich übernehme eine positive Einstellung. Was für ein Bonus! 53
Tag 11 Ich habe Selbstvertrauen. Und ich höre auf, an mir zu zweifeln 58
Tag 12 Wenn die Angst mich am Weiterkommen hindert 63
Tag 13 Mein Stress = meine Giftdosis 68
Tag 14 Ich kann mit meinen Emotionen umgehen 73
Meine Bilanz der 2. Woche 78

3. Woche

Tag 15 Ich lebe MIT meinen früheren Verletzungen 82
Tag 16 Ich beruhige mein EGO 86
Tag 17 Schluss mit der Selbstsabotage! 90
Tag 18 Ich nehme einen Stift zur Hand und äußere mich 95
Tag 19 Mit den EX leben 98
Tag 20 Ich sage STOPP zur Selbstbeschimpfung 103
Tag 21 Opfer, Retter oder Verfolger? 108
Meine Bilanz der 3. Woche 116

4. Woche

Tag 22 Ich lerne Neues. Ich rege mein Gehirn an! 120
Tag 23 Meine Ernährung, um gut zu funktionieren! 126
Tag 24 Ich habe Vertrauen in meine Intuition 129
Tag 25 Ich lasse los! Oder wie man das Relativieren lernt 134
Tag 26 Lachen als Therapie 138
Tag 27 »Emanzipiert, befreit!« Ich entfessle meine Gedanken 141
Tag 28 Perfek unvollkommen 147
Tag 29 Bestandsaufnahme meiner wahren Bedürfnisse 154
Tag 30 Meine Liebeserklärung. Ich liebe mich! 159
Meine Bilanz der 4. Woche 164

Authentisch leben 168
Authentisch sein 170
Bevor wir auseinandergehen 172
Danksagung 174

Wie funktioniert dieser Leitfaden?

Der vorliegende Leitfaden ist ein praktisches Arbeitsbuch mit vielen Ideen zum Umsetzen. Nimm dir jeden Tag Zeit, eine neue Etappe zu entdecken, um die Veränderung in die Wege zu leiten. Mache die kleinen Spiele, beantworte die Fragebögen und Quizfragen, die im Tagesverlauf angeboten werden. Ziehe am Ende jeder Woche wie vorgesehen Bilanz.

Entdecken	Experimentieren	Stärken
Ein Tag, ein neuer Gedanke An jedem Tag wird vom Coach ein neuer Gedanke angesprochen: Das kleine Samenkorn, aus dem die Veränderung erwächst.	**Quiz, Fragebögen und Spiele für jeden Tag.** Es ist wichtig, die verschiedenen Quizfragen zu beantworten und sie sich sogar Tag für Tag erneut vorzunehmen. Ich kann dir da einen guten Trick verraten, wie du deine Lebensweise und deine Gewohnheiten verändern kannst: durch Wiederholung. Erinnerst du dich an deine erste Fahrstunde? Du wusstest noch nicht, wie du mit den Pedalen umzugehen hast! Durch ständiges Wiederholen und Üben wird man besser. Die kleinen Spiele, die ich nenne, wirken nur durch Beharrlichkeit. An die Arbeit, Freunde!	**Wochenbilanz** Am Ende jeder Woche füllst du einen Fragebogen aus, um deine Fortschritte und eventuellen Blockaden zu sehen. Es ist die Gelegenheit, Bilanz zu ziehen! 

Bewertung der Häufigkeit der Übungen	
1 Mal	Guter Anfang: Die ersten Schritte (das Samenkorn ist gesät)
2 Mal	Ich glaube daran, ich halte daran fest: Bronzemedaille (das Samenkorn schlägt Wurzeln)
Öfter	Ich handle zu Gunsten meines Wohlbefindens: Silbermedaille (die Blüte öffnet sich)
Jedesmal	Es ist für mich unverzichtbar geworden! Goldmedaille (dein Geschenk: die Frucht)

Erste Aktion: Die Schachtel, um die Zeit zurückzudrehen

Gehe das Inhaltsverzeichnis durch: Es ist der Angriffsplan für die Veränderungen, die du in deinem Leben einführen willst.

➡ Welche Änderungen willst du an deinem Leben vornehmen? Schreibe jede auf einen Zettel. Beispiel: Ich will mich mehr bewegen. Ich will der Akteur meines Lebens sein. Ich will mich besser ernähren. Lege diese Zettel in eine Schachtel: das ist deine Schachtel, um die Zeit zurückzudrehen.

➡ Am Ende des Buchs sprechen wir wieder darüber!

Du fühlst dich zu alt, um dich zu ändern?
Du bist nicht alt, du hast endlich mehr Erfahrung.

Ich at-me!

Eine frische Brise … und gute Gesundheit

»Mit angehaltenem Atem zu leben war lange Zeit mein Ding. Sogar nachts! Ist es dir schon passiert, den Atem anzuhalten und irgendwann die Luft auszustoßen und zu schnauben wie ein angriffsbereiter Stier?
Also ich war früher jedenfalls so. Ich war ein Mädchen, das alles zurückhielt, sogar den Atem. Als ich das erste Mal etwas von »hörbarer Atmung« und von »Meditation« hörte, habe ich große Augen gemacht, als erzähle man mir etwas von Außerirdischen. Ich konnte mir nicht vorstellen, WIE die Atmung meine Probleme lösen könnte. Seit zwei Jahren habe ich dazu eine andere Meinung und meine roten Blutkörperchen und mein Gehirn danken es mir.«

HAST DU SCHON EINMAL AUF DEINE ATMUNG GEACHTET?

☐ ja ☐ nein ☐ selten

Bei welchen Gelegenheiten?

....

....

....

WIE WIRD RICHTIG GEATMET?

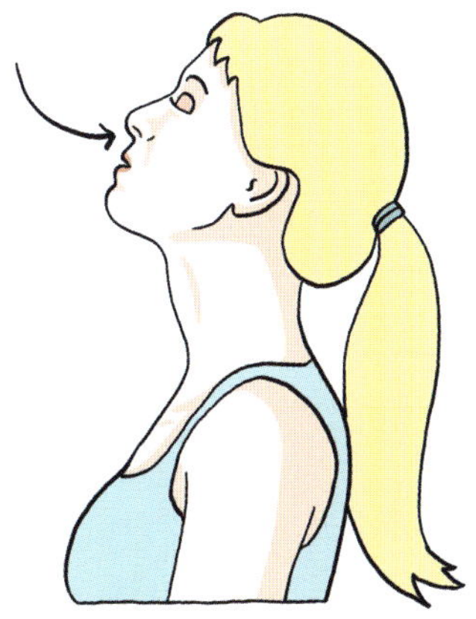

Entspanne dich erst einmal. Du kannst nur selten zwei Dinge gleichzeitig machen, wähle daher einen Moment, **DER NUR DIR GEHÖRT**, um die Übung erfolgreich zu absolvieren.
Für einige wird das der Morgen sein, bevor der Rest der Familie munter wird, für andere eine kleine Pause während des Arbeitstages oder auch der Abend, bevor die Lieblingsserie angeschaut wird.
Stelle dich hin oder setze dich aufrecht auf einen Stuhl. Konzentriere dich auf deine Atmung. Achte besonders auf die Luft, die in deinen Körper strömt und diesen wieder verlässt.

Bist du bereit? Dann los!!!

1. Herzkohärenz-Übung zum Stressabbau

Atme auf 5 Zählzeiten langsam ein, atme wiederum auf 5 Zählzeiten langsam aus. Wiederhole die Übung einige Minuten lang.
Anfangs wird dir dabei möglicherweise leicht schwindlig, das ist normal, du hast endlich beschlossen, die Maschinerie auf vollen Touren laufen zu lassen!
Stelle dir beim Einatmen vor, dass das Leben in dich hereinströmt und beim Ausatmen, dass du dieses Leben mit anderen teilst.

➡ Durch dieses Atmen auf jeweils 5 Zählzeiten **wirst du ruhig und fühlst dich wohl**. Atmen ist ein unbewusster Vorgang, auf den man jedoch bewusst Einfluss nehmen kann.

Auf YouTube findest du Videos zur Herzkohärenz, die dich bei dieser Übung unterstützen können.

Wissenschaftlich kurz beleuchtet

Werden Meditation und bewusstes Atmen regelmäßig und nach den Regeln der Kunst durchgeführt, ermöglichen sie ein Loslassen, das die Aufgabe eines Antidepressivums übernimmt. Ich persönlich kann den Erfolg dieser inneren Pflege nur BESTÄTIGEN.

2. Hörbares Gehen, um sich im eigenen Körper wohlzufühlen

Bei dieser Übung von Mathieu Schlachet wird beim Gehen hörbar geatmet. Stimme deine Atmung auf deine Schritte ab: Atme **2 Schritte** lang durch die Nase **ein,** atme bei den folgenden **2 Schritten** durch den Mund **aus.** Keine Sorge, falls du anfangs das Gefühl hast, außer Atem zu kommen (Hyperventilation), das vergeht mit etwas Übung.

3. Bauchatmung, um seine Mitte wiederzufinden

Finde eine bequeme Stellung im Sitzen, Stehen oder Liegen. Schließe die Augen, den Mund, lege die Zunge gegen den Gaumen. Beim Einatmen füllst du nun zuerst den Bauch mit Luft, dann erst die Lungen und beim Ausatmen leerst du zuerst den Bauch, dann erst die Lungen.
Führe diese Atembewegungen langsam, aber tief aus.

➡ Diese Art der Atmung sorgt für ein Gefühl **unmittelbarer Entspannung** und erlaubt es, die Kontrolle über seine **Emotionen wieder zu übernehmen.**

Gelassenheit bedeutet, sich selbst und das, was ist, anzunehmen.

Abbé Pierre

4. Meditieren, um im Hier und Jetzt zu leben

Für mich bedeutet Meditation, zu beobachten, was in uns und um uns herum geschieht, ohne darüber zu urteilen. Manche setzen sich in den Schneidersitz, ich lege mich lieber auf den Boden (ich muss zugeben, dass dies nicht in allen Situationen praktisch ist, beispielsweise auf der Arbeit). Nimm eine bequeme Haltung ein. Coach Sophie Vakili rät: Entspanne dich, atme und begnüge dich damit, zu beobachten. Lasse es dir gut gehen und bringe diese leisen sabotierenden Stimmen zum Schweigen, die sagen: ***Was machst du da auf dem Boden? Was tust du da? Hast du den Verstand verloren?*** STOPP für jegliches Urteil!

HÄUFIGKEIT: 5 Minuten täglich sind für den Anfang sehr gut! Aber übe regelmäßig, das ist für den Fortgang unseres Programms wichtig!

Wie fühlst du dich nach dieser Meditation?

....

....

....

....

Gute Nachricht

Die Meditation wird dir das Gefühl geben, wie »neu geboren« zu sein, du wirst dich besser konzentrieren können und deine Fähigkeiten werden optimiert. Damit bereitest du den Boden, um das Leben in vollen Zügen zu genießen.

3 ANTWORTMÖGLICHKEITEN STEHEN ZUR WAHL:

a) Ich atme langsam ein und langsam aus

b) Ich schließe kurz die Augen, um mich zu konzentrieren

c) Ich halte den Atem an und reiße die Augen auf, wobei ich fest an einem Platz bleibe

Antworten a und b: Du hast alles kapiert.
Antwort c: Nimm dir die Zeit, das Motto des Tages noch einmal zu lesen.

Tag 02

Ich habe meine Werte

außerdem bin ich selbst Gold wert!

»Unsere Werte sind unsere Orientierungspunkte, auch wenn sie sich im Lauf der Zeit entwickeln können. Unsere Werte sind wir, sie sind das, was uns wichtig ist. Sie zu kennen ermöglicht es uns, voranzukommen, Entscheidungen zu treffen und dabei genau zu wissen, WER WIR SIND. Lasse dich niemals von irgendjemandem davon überzeugen, deine Werte seien unwichtig.«

Unsere Werte machen uns wertvoll.

Meine Geschichte dazu

»Als man mich das erste Mal nach meinen Werten fragte, war ich ziemlich verloren und nicht in der Lage, sie aufzuzählen. Zuerst habe ich an meine Ehrlichkeit gedacht, meine Großzügigkeit, meine Fähigkeit, andere zu verteidigen … aber ich war mir nicht wirklich sicher, wofür diese Werte standen. Heute hat sich vieles verändert: Ich kenne meine Werte, was es mir ermöglicht hat, in meinem Leben einen außerordentlichen Sprung zu machen. Ich treffe heute folgerichtigere Entscheidungen: meine Werte haben mich in meinem persönlichen und beruflichen Leben motiviert, sie sind so sehr mein Ding geworden, dass ich mich für sie engagiere. Sie zu kennen, gereicht mir zur Ehre.«

Nicht vergessen

In allen Lebensbereichen hilft das Wissen um die eigenen Werte, gute Entscheidungen zu treffen und verantwortungsvoll zu sein. Beispiel: Ich bin einem jungen Mann begegnet, dem Ehrlichkeit und Anstand sehr wichtig waren. Als man ihm einen Job im Außendienst anbot, wo er wenig vertrauenswürdige Produkte verkaufen sollte, sagte ihm seine Intuition, das sähe ganz nach Betrug aus. Er nahm den Job daher nicht an. Aber er war enttäuscht, denn so blieb er weiter arbeitslos. Er traf damit dennoch eine gute Entscheidung. Andere hätten Gründe gefunden, die Arbeit anzunehmen, dies jedoch auf die Gefahr hin, dass sich daraus katastrophale Folgen ergeben hätten: schlechter Schlaf, Selbstvorwürfe, Bedauern, wenig Appetit, Stress … Schlussfolgerung: Berücksichtige bei Entscheidungen immer deine Werte, denn sie zählen für dich!

Bestimme deine Werte

➡ Liste 50 Wörter auf, die dich repräsentieren, das können Substantive, Verben oder Adjektive sein.

1	11	21	31	41
2	12	22	32	42
3	13	23	33	43
4	14	24	34	44
5	15	25	35	45
6	16	26	36	46
7	17	27	37	47
8	18	28	38	48
9	19	29	39	49
10	20	30	40	50

Vervollständige deine Liste, indem du nachfolgend die Worte einkringelst, die zu deiner Person passen.

Arbeit
Erziehung
Wahrheit
Herausforderung
Leben
Bequemlichkeit
Spiritualität
Vergnügen
Sicherheit
Familie
Kind
Selbstkontrolle
Sensibilität
Unterstützung
Erfolg
Geld
Stabilität
Tradition
Ruhe
Selbstständigkeit
Klarheit
Soziale Ordnung
Friede

Entscheidungsfähigkeit
Begabung
Mut
Traum
Zuverlässigkeit
Erfahrung
Sport
Gewicht
Gesundheit
Ehrgeiz
Geld
Heldentum
Empathie
Vortrefflichkeit
Liebe
Stärke
Frei
Ruhig
Entschlossenheit
Selbstvertrauen
Vorsicht
Toleranz
Veränderung

Schnelligkeit
Kreativität
Humor
Freundschaft
Elternteil
Gerechtigkeit
Treue
Freunde
Ausgabenfreudig
Leistung
Integrität
Gesund
Anerkennung
Echt
Wort
Action
Freude
Geduld
Pflicht
Rechnen
Tun
Sagen
Erfolg haben

Durchstarten
Bitten
Spielen
Profitieren
Favorisieren
Motivieren
Beruhigen
Lesen
Neugierig
Reisen
Entdecken
Sich interessieren
Sex
Gerechtigkeit
Übertragung
Loyalität
Menschlichkeit
Galanterie
Frieden
Umwelt
Haus
Einmalig
Gruppe

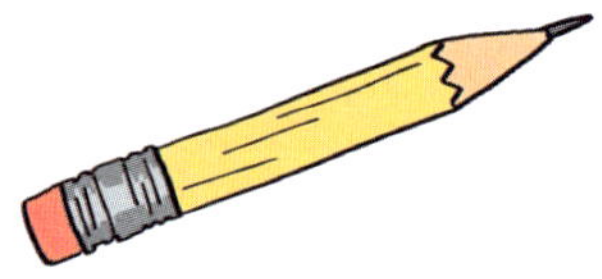

➡ Sobald die Liste fertig ist, streichst du alle Begriffe, die du aus Pflichtbewusstsein, Prinzip, Zwang und in Hinblick auf die Meinung anderer aufgeschrieben hast. Wie viele bleiben dann übrig?

....

....

....

....

....

....

....

....

➡ Nimm Buntstifte oder verschiedene Textmarker, um die Worte zusammenzufassen, die für dich eine Gemeinsamkeit haben.
Mein persönliches Beispiel: Familie, Haus, Atmosphäre, Teilen, Kommunikation, Vertrauen, Freude und Großzügigkeit sind in einer Gruppe.

➡ Erstelle mit deiner endgültigen Wörterliste maximal 7 Gruppen.

1 ....

2 ....

3 ....

4 ....

5 ....

6 ....

7 ....

➡ Gib den 7 Wortgruppen einen Namen und ordne die Gruppen anschließend nach Wichtigkeit, wobei Gruppe 1 für deinen wichtigsten Wert stehen soll.

Name der 1. Gruppe: ....

Name der 2. Gruppe: ....

Name der 3. Gruppe: ....

Name der 4. Gruppe: ....

Name der 5. Gruppe: ....

Name der 6. Gruppe: ....

Name der 7. Gruppe: ....

DIES SIND ALSO DEINE WERTE IN ABSTEIGENDER WICHTIGKEIT FÜR DICH. WIRST DU DADURCH GUT REPRÄSENTIERT?

☐ Ja ☐ Nein

Diese Übung kannst du einmal pro Jahr wiederholen.

Nicht vergessen!

Ich habe dir doch gesagt, dass du ein sehr kostbarer Diamant bist! Du bist Gold wert und das ist einfach Pech für diejenigen, denen dies bisher entgangen ist.

3 ANTWORTMÖGLICHKEITEN STEHEN ZUR WAHL:

a) Mir wird jetzt bewusst, dass mich meine Werte repräsentieren!

b) Bei Entscheidungen beziehe ich mich auf meine Werte

c) Ich glaube, dass die Anderen besser sind als ich

Antworten a und b: Du hast alles kapiert.
Antwort c: Nimm dir die Zeit, das Motto des Tages noch einmal zu lesen.

Prokrastinations-Alarm!

»Was verbirgt sich hinter diesem schwer auszusprechenden Wort? Es wird alles auf später verschoben, was man sofort erledigen könnte. Dabei gibt es zwei Typen. Im einen Fall wird alles bis zum letzten Moment aufgeschoben, wobei man sich sagt, dass noch genügend Zeit dafür ist. Im anderen Fall wird etwas so lange hinausgezögert, dass man es nie macht.«

Was ich nie auf später verschiebe:
Schokolade essen …

Wie lässt sich die Aufschieberitis in den Griff bekommen?

- Angesichts der Versuchung nein zu sagen, musst du wissen, wann dafür nicht der richtige Moment ist.
- Strukturieren, planen: Womit wirst du beginnen, ohne dich verrückt zu machen?
- Zeit fest reservieren, um bestimmte Dinge zu erledigen.
- Den richtigen Zeitpunkt wählen: Es bringt nichts, mit der Buchhaltung loszulegen, 5 Minuten bevor die Kinder von der Schule abgeholt werden müssen.
- Die Aufgabe positiv betrachten, nicht als lästige Pflicht.
- Nicht nach Perfektion streben: wer perfekt sein will, schafft gar nichts.
- Delegieren, um sich die Dinge zu erleichtern.
- Akzeptieren, 5 Minuten dafür aufzubringen.

Sich die richtigen Fragen stellen

- Aufschreiben, welche Vorteile es hat, nichts zu tun:

- Aufschreiben, welche Nachteile es hat, nichts zu tun:

- Welche Vorteile hat es, sich an die Arbeit zu machen?

- Welche Nachteile hat es, sich an die Arbeit zu machen?

- Was lenkt dich ab?

- Um welche Tageszeit empfindest du die größte Mutlosigkeit?

- Wann ist deiner Meinung nach der beste Zeitpunkt, um Dinge zu erledigen?

➡ Wie könnte die Aufgabe mehr Spaß machen?

....

....

....

....

....

....

....

....

....

....

Wissenschaftlich kurz beleuchtet

In unserem Gehirn herrschen Zank und Streit! Es kommt zu einem Duell zwischen dem präfrontalen Cortex und dem limbischen System. Der präfrontale Cortex ist unsere verantwortungsvolle Seite, du sollst, es muss sein … während das limbische System das unmittelbare Vergnügen, Belohnung, Amusement und Emotionen steuert … Dabei ist das limbische System häufig der Sieger: Spaß ist eben immer angenehmer als Pflicht und Zwang.

Meine Geschichte dazu

»Ich schaue mir gerne TV-Serien an, das ist bei mir schlichtweg eine Sucht. Alles andere als süchtig bin ich hingegen nach dem Bügeln. Das schiebe ich vor mir her, fange einfach nicht damit an, finde es zu langwierig, mühsam und vor allem uninteressant. Also bin ich einen Kompromiss eingegangen: ich bügle, während ich Columbo anschaue.
Zuvor schob ich es vor mir her, sagte mir, später würde ich es bestimmt machen. Aber das funktionierte nicht! Zwei Stunden später verschob ich es weiter. Die Stunden verfliegen in einem atemberaubenden Tempo, während man sich mehr Zeit wünscht. Vielleicht kommt auch eine überraschende Einladung dazwischen und da kann die schon länger vor sich hergeschobene Aufgabe einfach nicht mithalten …«

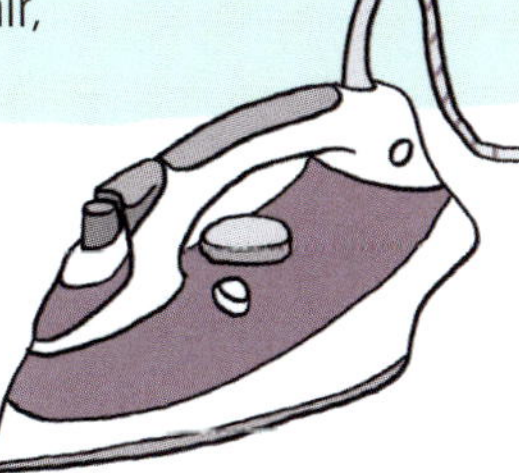

Tag 03

Bist du bereit? Dann los!!!

1. Aus dem Kreislauf der Aufschieberitis ausbrechen

Ich schlage dir vor, einen Kompromiss einzugehen und vor allem das Vokabular zu ändern. Anstatt zu denken »ich soll« und »ich muss«, sprich lieber von »ich habe Lust« und »ich kann«. Beispiel: Aus *Ich muss Sport machen* wird *Ich habe Lust auf Sport. Um mich zu motivieren, werde ich eine Playlist mit 10 mitreißenden Songs vorbereiten.*

Die Musik hat für mich die Hürde, überhaupt einmal damit zu beginnen, in einen angenehmen Moment verwandelt und obendrein bekomme ich nach getaner Arbeit noch den Auftrieb durch die Endorphine.

Action!

➡ Erstelle eine Liste der Aufgaben, die zu erledigen sind.

Zu erledigen: ....

....

➡ Verwandle die Tätigkeiten, die du als unangenehm empfindest, in positive.

Spaß-Aktionen: ....

....

2. Meine TO DO-Liste

Wie lange schiebst du bereits Dinge in einem Lebensbereich vor dir her, den du gerne verändern würdest? Beispiel: *Ich will abnehmen/reisen/umziehen* … und seit 10, 20 oder 30 Jahren, wenn nicht sogar länger, verschiebst du es jeden Montag aufs Neue. Diese Jahre gehören der Vergangenheit an! Du kannst die Zeit nicht mehr zurückdrehen! Worauf wartest du noch? Willst du vielleicht 80 oder 100 Jahre alt werden, um es endlich in die Tat umzusetzen? Unsere Zeit auf dieser Erde ist eher kurz bemessen, also go, go, go!

Stelle dir deine To Do-Liste als ein Vergnügen vor:

....

....

....

Stück für Stück baut der Vogel sein Nest.

3. Schritt für Schritt

➡ Widme den Dingen, die du erledigen musst, 5 Minuten, nur läppische 5 Minuten. Tag für Tag werden sich diese 5 Minuten in sehr viel mehr verwandeln.

➡ Unterteile die Aufgaben, um dir die Arbeit zu erleichtern. Wie wäre es, Slips und Socken beim Sortieren der Wäsche gleich zusammenzulegen? Dann wäre der Berg Bügelwäsche schon kleiner.

Meine Geschichte dazu

»Ich habe eine Lizenz als Veranstaltungskauffrau und war lange für die Buchhaltung eines Unternehmens zuständig. Was für eine Fronarbeit für mich, wo ich doch eher kreativ bin! Ich hatte überhaupt kein Problem mit der gesamten künstlerischen Seite, wenn es jedoch darum ging, Rechnungen und Aufträge zu schreiben, Ticketerstattungen zu bearbeiten … war es die Hölle.
Ich verband damit soviel Negatives, dass ich überhaupt keine Lust hatte, mich dieser Tortur zu unterziehen. Bis zu dem Tag, an dem ich die abgeschlossene Jahresbilanz vorlegen musste. Ich hatte bergeweise Arbeit aufzuholen! Ich habe unter diesem Zeitdruck Hilfe gefunden, hatte aber enormen Stress, der mich daran gehindert hat, bei einem anderen Projekt rechtzeitig aktiv zu werden. Ich habe beschlossen, mir die Dinge nicht mehr so über den Kopf wachsen zu lassen. Dafür habe ich einen Tauschhandel eingerichtet: ich arbeite täglich 5 Minuten mit Vollgas an meiner Buchhaltung, um mir damit 15 Tage Hölle zu ersparen.
Dafür muss etwas Disziplin aufgeboten werden, aber diese Veränderung ist ihren Einsatz wert. Man kann alles lernen!«

3 ANTWORTMÖGLICHKEITEN STEHEN ZUR WAHL:

a) Ich erstelle eine Liste aller ungeliebten Aufgaben

b) Ich wähle die Aufgabe, die mir am einfachsten erscheint, und erledige sie

c) Ich schiebe es weiter vor mir her und maule weiter über meine Faulheit: wozu soll das gut sein?

Antworten a und b: Du hast alles kapiert.
Antwort c: Nimm dir die Zeit, das Motto des Tages noch einmal zu lesen.

Ich schalte den Automatikmodus ab

» Ich bin so programmiert, dass ich immer auf dieselbe Weise funktioniere. Ich lebe im Automatikmodus. **Meine Art zu leben hat sich eingraviert in meine Gesten, meine Gewohnheiten und meine Verhaltensweisen.** Ich wasche mich immer auf dieselbe Weise, esse zum Frühstück immer das Gleiche und immer aus demselben Schüsselchen, zu meiner engen Jeans ziehe ich immer meine roten Schuhe an, sobald ich am Arbeitsplatz angekommen bin, eile ich immer mit denselben Kollegen an den Kaffeeautomaten, abends beim Heimkommen leere ich meine Taschen, lege meinen Schlüssel in der Diele ab, schalte den Fernseher ein, esse, schminke mich, immer bei den Augen beginnend, ab, schlafe immer auf der linken Seite liegend ein, wobei die Füße etwas erhöht auf einem Kissen liegen ... «

Warum aus der Routine ausbrechen?

Erkennst du dich darin wieder? Es ist beruhigend zu wissen, dass man immer auf dieselbe Weise funktioniert, aber vielleicht ist es an der Zeit, einmal etwas zu verändern, was meinst du? **Es wird Zeit für eine neue Brille,** wenn die alte nicht mehr der Sehstärke entspricht und die bequemen Hausschuhe gehören ausgetauscht, wenn sie durchlöchert sind: das ist der passende Moment, sich einen Anstoß zu geben, um sich ein ganzes Feld neuer Möglichkeiten zu eröffnen. Niemand weiß, was morgen sein wird, aber sicher ist, dass wir unsere Probleme nicht lösen, wenn wir in unserem Alltag nichts verändern.

Meine Geschichte dazu

»Als ich beschloss abzunehmen, war mir klar, dass ich meine tief in mir verankerten und festgesetzten Gewohnheiten verändern musste, wie den Genuss von Knabberzeug beim Fensehen auf dem Sofa. Selbst wenn ich mir sagte, ich sollte es nicht tun, gelang es mir doch nie, zu widerstehen. Ich war darauf programmiert, ohne Ende zu essen und immer dicker zu werden. Die wichtigste Entscheidung, die ich bezüglich meines Gewichts getroffen habe war, zwischen 16 und 17 Uhr etwas grundlegend anders zu machen, dem schicksalhaften Zeitfenster, in dem ich bisher zum Knabberzeug griff.
Ich beschloss, einen Monat lang jeden Tag eine andere Aktivität einzuführen. Ich habe gesungen, getanzt, bin ausgegangen, habe geduscht, gelesen, Musik gehört, habe gehäkelt, gestickt, gestrickt, Perlen aufgefädelt, Hausarbeit gemacht, Fenster geputzt, Hautpflege betrieben, gekocht …
Damals hätte man mich für ein rastloses Mädchen halten können, das nie Ruhe gab, keine Pause machte. Aber ich musste zwischen 16 und 17 Uhr absolut etwas anderes machen. Das war neu und unbequem: Wer setzt sich schon lieber an eine Stickarbeit als sich ein schönes Butterbrot mit Käse zu gönnen? Es hat mich viel Arbeit an mir selber gekostet, aber es hat mich von meinen Knabbereien befreit und ich habe 35 kg abgenommen.«

Und du?

Du fühlst dich unglücklich, traurig, verlassen und gestresst von den anderen, vom Leben, von der Arbeit, von deiner Familie. Dein Leben gefällt dir nicht, du hast von allem die Nase voll: und wenn du dich einfach selbst ändern müsstest? Man ändert die anderen nicht, man kann nur sich selbst ändern. Ab heute sage ich NEIN zu meinem täglichen Trott.

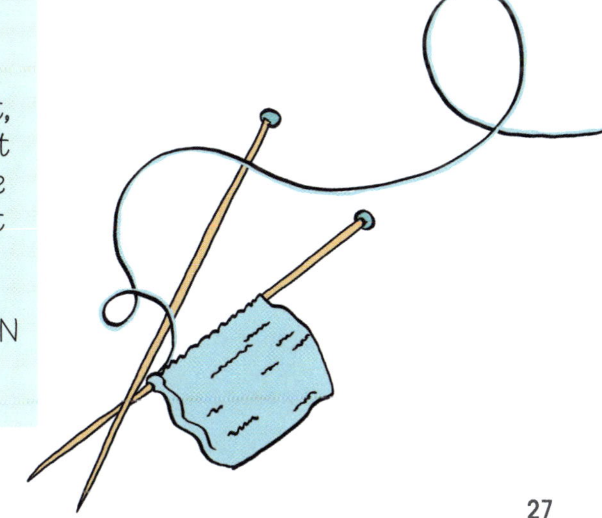

Wissenschaftlich kurz beleuchtet

Jede Gewohnheit, die du seit Urzeiten pflegst, hat in deinem Gehirn Spuren hinterlassen wie eine gut angelegte Straße. Die gute Nachricht ist jedoch, dass du andere Wege anlegen kannst. Dank wissenschaftlicher Forschungen wissen wir, dass neue neuronale Verbindungen, also neue Straßen, angelegt werden können.

- *Du denkst an eine Veränderung = Du legst einen Weg an.*
- *Du setzt eine Veränderung in die Tat um = Du legst eine Straße an.*
- *Du wiederholst die Veränderung = Du legst eine Autobahn an.*

Es stimmt, dass jede Veränderung vom Gehirn eine Anstrengung verlangt, davon ermüdet es und das ist sicher ein Grund, warum wir unseren täglichen Trott so lieben.

Das Gehirn lässt sich trainieren!
Liefere ihm neue Aktionen, neues Wissen.

Bist du bereit? Dann los!!!

1. Ein bisschen, viel oder leidenschaftliche Veränderung?

➡ Damit eine Veränderung auch Erfolg hat, ist es wichtig, dass sie einfach zu bewerkstelligen ist (und wiederholt wird), denn je radikaler sie ist, desto weniger wird es dir gelingen, sie auf Dauer durchzuhalten. Nehmen wir einmal an, du würdest dich dazu entschließen, eine Haltestelle früher aus dem Bus auszusteigen, um dich auf dem Heimweg etwas zu bewegen: Du kämst sicher nicht auf die Idee, auf diesem Heimweg Riesenschritte zu machen! Das würde einen schönen Muskelkater ergeben und es wäre schwierig, mehrere Tage lang motiviert zu bleiben.

➡ Triff kühne, aber einfache, machbare und vergnügliche **Entscheidungen** und gehe vor allem in **kleinen Schritten** vor, um eine dauerhafte Veränderung zu erreichen. Du kannst eine Haltestelle früher aus dem Bus aussteigen, gehe dann aber ruhig in deinem normalen Tempo. So stehen die Chancen besser, dass du diese neue Angewohnheit beibehalten und deren gesundheitliche Vorteile im Alltag auch spüren wirst.

2. Eine neue Platte auflegen!

➡ Liste die automatisch und immer nach demselben Muster ablaufenden Aufgaben auf, die du erledigst:

- morgens (Aufstehen, Anziehen, Morgentoilette ...)

- im Tagesverlauf (Mahlzeit, Tisch decken, Geschirr spülen)

- die Woche über (Einkäufe, Arbeit, Fahrten)

➡ Sobald dir dies möglich ist, nimm eine kleine Veränderung vor, um deinen Körper, dein Gehirn und deinen Geist zu überraschen.
Beispiele: Ich verändere die Art, wie ich morgens aufstehe, mich wasche, den Tisch decke, zur Arbeit gehe, mich an den Schreibtisch setze ...

Was hast du gefunden, was du verändern willst?

Wie hast du die Situation verändert?

Was hast du dabei empfunden?

3 ANTWORTMÖGLICHKEITEN STEHEN ZUR WAHL:

a) Gleich morgen werde ich eine Kleinigkeit an meiner Routine verändern

b) Ich wiederhole Veränderungen, um damit Erfolg zu haben

c) Ich kann das nicht, ich habe nicht die Kraft dazu

Antworten a und b: Du hast alles kapiert.
Antwort c: Nimm dir die Zeit, das Motto des Tages noch einmal zu lesen.

Ich bewege meinen Körper

Dafür ist immer Zeit …

» Fühlst du dich träge, nicht in Form, tut es überall weh und fehlt es dir am rechten Schwung, um etwas zu tun? Bist du häufig müde, als wärst du nach einem langen Ausgehabend im Auto eingeschlafen und müsstest nun dringend aufwachen, um einen Marathon zu laufen oder das Garagentor zu öffnen?

Wenn du dich darin wiedererkennst, verstehen wir uns.

Man stellt sich tausend Fragen über die Gründe, aus denen man sich in diesem Zustand befindet. Man vermutet, es seien die verschiedenen persönlichen Probleme, die sich negativ auf unsere Form auswirken, aber man setzt sich nie mit der offensichtlichen Tatsache auseinander: **Zu wenig Bewegung.** Es wird Zeit, das zu ändern! Ganz sachte, das gestehe ich dir zu, aber es ist vorrangig, die Maschinerie wieder in Gang zu setzen. Ich habe nicht den geringsten Zweifel daran, dass du dazu fähig bist. Durch die Bewegung unterbrichst du die Routine der Trägheit und übernimmst wieder die Kontrolle über dein Leben. Das wertet dich auf, gibt dir neues Selbstvertrauen und du empfindest neuen Schwung. Dennoch geht es nicht darum, dich auf die Olympischen Spiele vorzubereiten, auch nicht auf einen Wettkampf in Kampfsportarten, sondern um eine schrittweise Aussöhnung mit deinem Körper, um ihm wieder Dynamik und Vitalität zu verleihen. «

Wissenschaftlich kurz beleuchtet

Bereits nach der ersten Minute in Bewegung fühlst du dich besser. Du produzierst positive chemische Stoffe (Endorphine) und dein Körper verlangt weiter danach. Regelmäßiger Sport unterstützt zudem die Ausscheidung bestimmter Schwermetalle, die für den Organismus schädlich sind und über die Nahrung aufgenommen werden.

Meine Geschichte dazu

»Nach mehreren Jahren voller Enttäuschungen bei der Sportausübung, konnte ich einfach nicht verstehen, wie man es lieben konnte sich im Fitnessraum abzukämpfen, um möglicherweise die eine oder andere Körperregion zu kräftigen. Wobei man doch weiß, dass die Befriedigung nach der Plackerei Muskelkater heißt! Ist das nicht ein seltsames Grundkonzept? Wirklich verändert habe ich mich an dem Tag, an dem ich verstanden habe, dass der Sport nicht unbedingt darauf abzielte, mich der Miss Universum ähnlicher werden zu lassen, sondern der Schlüssel dazu war, mich in Form und voller Energie zu fühlen. Die Motivation war sofort eine völlig andere und der Sport wurde leichter. Er hat es mir ermöglicht, zu einem Zeitpunkt in meinem Leben den Kopf frei zu bekommen, als Kummer und Traurigkeit ihn überwältigt hatten. Ich erwarte kein ästhetisches Ergebnis mehr, sondern körperliches und psychisches Wohlbefinden. Vergiss nicht: Ziel ist es, Gewohnheiten zu durchbrechen, die sich breitgemacht haben und die verhindern, dass du dich änderst, damit es dir besser geht, viel besser!«

Tag 05

Wie kann ich vorgehen?

Was werde ich machen, um mich zu bewegen?

....

....

....

Ich plane meine körperliche Aktivität.

An welchem Wochentag/welchen Wochentagen?..

Zu welcher Tageszeit? ■ vormittags ■ nachmittags ■ abends

Wie lange?..

....

Bist du bereit? Dann los!!!

1. Mit Musik

Nach einem Vorschlag von Coach* Mylène Rejment.

Erstelle deine ideale Playlist mit mindestens 3–10 Songs. Diese Songs müssen dir wirklich Lust darauf machen, deinen Körper zu bewegen und dich lächeln zu lassen.

Die Top 3: Damit lässt sich neue Energie tanken, tagsüber eine Pause einlegen, wenn ein müder Punkt dich erwischt, egal wo du gerade bist.

Die komplette Playlist: 10 Songs (oder mehr), für deine Sportstunde oder zum Spazierengehen.

** Am Ende des Buchs findest du alle von mir empfohlenen Coaches.*

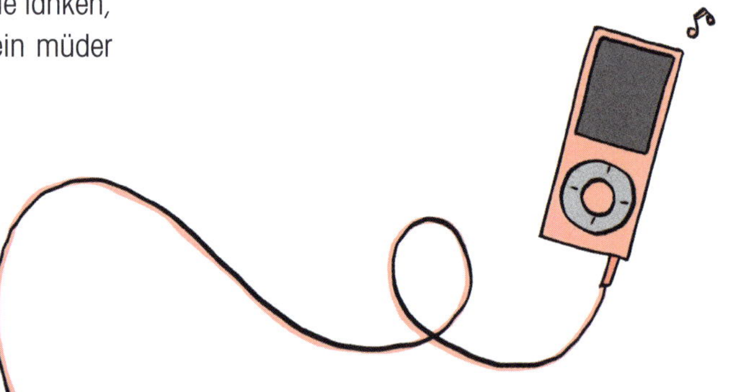

Meine Tipps zum Thema Sport

Variiere deine sportlichen Aktivitäten, um verschiedene Muskeln zu mobilisieren. Wenn du bereits sportlich aktiv bist, beginne mit der Muskelkräftigung, gefolgt vom Cardio-Training. Beispiel: 10 Minuten Radfahren, anschließend Rudern, dann Crosstraining, danach Muskelkräftigung.

2. Gut in den Tag starten

Oft glaubt man, unbedingt ein oder zwei Tassen Kaffee trinken zu müssen, um gut in den Tag zu starten … Was ich dir vorschlage, sind andere Rituale: einfach und wirkungsvoll verbessern sie die Energie und lassen dich dynamisch und mit Begeisterung den Tag beginnen. Das wichtigste Ziel hierbei ist, »alles in Schwung zu bringen, was nachts stagniert hat«, um neue Energie zu tanken! Es dauert gerade einmal eine Minute vor dem Frühstück:

➡ **1. Aktion:** Trinke ein großes Glas Wasser, das entspricht in etwa dem Volltanken deines Autos! Der Körper besteht zu 55–65 % aus Wasser und hat nachts eine große Wassermenge verbraucht, um Abfallprodukte zu eliminieren, die sich am Vortag angesammelt haben.

➡ **2. Aktion:** Vollführe 1 Minute* lang kleine, ganz leichte Sprünge auf der Stelle … mit geschlossenen Füßen oder mit den Füßen im Wechsel. So aktivierst du den Kreislauf und verteilst den Sauerstoff im Körper. Du sendest ihm damit die Botschaft, dass es Zeit ist, aufzuwachen und den Tag dynamisch zu beginnen! Vermeide es, auf den Fersen zu hüpfen, das könnte zu Schmerzen im Lendenbereich (im unteren Rücken) führen. Du kannst die Sprünge auch tagsüber wiederholen, wenn du ein Nachlassen deiner Energie bemerkst.

*Jean-Pierre Padou

3 ANTWORTMÖGLICHKEITEN STEHEN ZUR WAHL:

a) Mit kleinen Sprüngen bringe ich meinen Körper in den Energiemodus

b) Ich finde Gefallen daran, mich zu bewegen

c) Ich ziehe meinen Jogginganzug an und lege mich wieder hin

Antworten a und b: Du hast alles kapiert.

Antwort c: Nimm dir die Zeit, das Motto des Tages noch einmal zu lesen.

Ich verbessere meine äußere Erscheinung

Spieglein, Spieglein an der Wand …

» Fettiges Haar, schlecht rasiert oder ungenügend abgeschminkt und in einem zu großen Jogginganzug steckend: bitte nicht! Der Tag lässt sich besser beginnen!
Ob du zu Hause bleibst oder ausgehst, ordentlich gekleidet solltest du schon sein. Natürlich lebt man nicht nur für sein äußeres Erscheinungsbild, aber ein nachlässiges Äußeres macht einen nicht wirklich glücklich.
Dein Ziel: **ein wohlwollender Blick auf dich selbst,** und der erfolgt über eine gewisse Sorgfalt hinsichtlich des Erscheinungsbildes. Sonst ist es, als würdest du von einem glänzenden Auto träumen, ohne es jemals zu waschen!

Sei konsequent!

➡ *Ich wünsche mir voluminöses und weiches Haar, ohne es jemals zu pflegen: das ist ein Ding der Unmöglichkeit.*

➡ *Ich wünsche mir eine Wespentaille, aber ich ernähre mich in erster Linie von Döner: da braucht es schon etwas guten Willen.* «

Spieglein, Spieglein an der Wand ...

Bei jedem Blick in den Spiegel, neigt man dazu, mit dem Finger nur auf Mängel zu zeigen: einen Pickel auf der Nase, Ringe unter den Augen, plattes Haar, einen zu üppigen Hintern, zu magere Oberschenkel oder einen zu runden Bauch. Wir haben aber auch wunderschöne Augen, ein strahlendes Lächeln, eine schöne Haut, gesundes Haar.
Es ist soviel einfacher, sich zu kritisieren, abzuwerten und mit anderen zu vergleichen.
Ich kann dir sagen, ich war schon in der Maske von Fernsehstudios und alle Moderatoren des Pantoffelkinos sehen ungeschminkt gleich aus: nichts, wovon wir träumen müssten.
Höre also auf damit, zu hart über dich zu urteilen*!

* Malou Moulis, Coach.

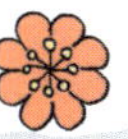

Meine Geschichte dazu

»Ich hatte lange Zeit ein schlechtes Bild von mir: ich fand mich ‚nie (schlank, schön, muskulös, groß ...) genug'. Bevor ich 35 kg abgenommen habe, bestand meine Lieblingskleidung aus Jogginghose und langem Pullover. Damals war ich noch sehr jung, hatte aber ein völlig abwertendes Bild von mir. Ich sah mich nur als die Dicke auf dem Sofa im Jogginganzug. Wie konnte ich da ein positives Bild von mir haben?
Viele Jahre später und nachdem ich abgenommen hatte, nahm ich an einem Mini-Workshop teil, bei dem man einer unbekannten Person in der Gruppe sagen sollte, was man über sie dachte. Es war für mich nicht schwierig, einer anderen Person zu sagen, was ich dachte, aber von jemand anderem zu hören, was ich bereits wusste, begeisterte mich nicht wirklich! Als schöne Überraschung hörte ich eine Flut von Komplimenten über mein Äußeres, was mich total verblüffte. Damals verstand ich, dass mein Blick auf mich nicht dem anderer Menschen auf mich entspricht! Das hat mich ungezwungener werden lassen. Ich halte mich nicht für perfekt, aber ich werde von Tag zu Tag besser und akzeptiere mich, wie ich bin.«

Wie gelingt es, sich selbst zu akzeptieren?

Es wird Zeit, dass du dich mit deinem Erscheinungsbild aussöhnst, das ist ein schönes Geschenk, das du dir selbst machen kannst und von dem auch andere profitieren. Betrachte dich im Spiegel, habe keine Angst davor. Und nun ziehe eine sehr ehrliche positive Bilanz.

➡ Welche 3 Dinge liebst du an dir (Achtung, ich habe gesagt POSITIVE Bilanz)?

1. ....

2. ....

3. ....

➡ Was kannst du bei den Dingen, die dir nicht gefallen, durch konkrete Schritte verbessern (Achtung, betrachte dich einfach, ohne zu urteilen und ohne dich zu vergleichen)?

....

....

1. Welche Schritte können die Situation verbessern?

- Ich creme meinen Körper ein: dabei nehme ich bewusst jeden Teil meines Körpers wahr.
- Ich nehme die Hilfe einer Stil- und Typberaterin in Anspruch, die mir Informationen an die Hand gibt, wie ich meine Kleidung auf meinen Körperbau abstimmen kann.
- Ich nehme die Hilfe einer Kosmetikerin in Anspruch, die mich anleiten kann, meine Pluspunkte zur Geltung zu bringen.
- Ich nehme die Dienste eines Persönlichkeitscoaches in Anspruch.
- Sonstiges: ....

Wenn du keinen Profi in Anspruch nehmen kannst, befrage dein Umfeld: jeder hat doch einen Freund oder eine Freundin, die sich bei dieser Art Beratung hervortun!

Und du?

Es liegt nur an dir und ist nicht die Aufgabe einer Fee. Wenn du nichts tust, wirst du nie ein gutes Erscheinungsbild gewinnen. Versuche nicht, etwas so zu machen, wie andere. Finde heraus, was dir am besten entspricht. Mir persönlich beispielsweise steht die Farbe Beige überhaupt nicht.

2. Sich im Alltag selbst lieben

Betrachte dich jeden Morgen nach dem Aufstehen in einem Ganzkörperspiegel und denke wieder an die 3 Dinge, die du an dir liebst!
Also los, Freunde, das tut schließlich gut, nicht so schüchtern.
Es ist kostenlos: Streut euch Blumen!

3 ANTWORTMÖGLICHKEITEN STEHEN ZUR WAHL:

a) Ich höre auf, schlecht über mich zu urteilen

b) Ich sage mir, dass ich viele Pluspunkte habe

c) Ich hülle mich in eine Decke und rolle mich in der fetalen Stellung zusammen

Antworten a und b: Du hast alles kapiert.
Antwort c: Nimm dir die Zeit, das Motto des Tages noch einmal zu lesen.

Tag 07

Ich stehe mit dem richtigen Fuß auf

Damit es ein schöner Tag wird

»An manchen Tagen fällt es dir schwer aufzustehen. Der Rücken schmerzt und du spürst eine nervöse Anspannung in der Magengrube! Wie soll man da mit dem richtigen Fuß aufstehen?
Ich schlage dir vor, einige Routinen einzuführen. Du musst nicht alle übernehmen, beginne mit einer davon, das ist schon ein guter Anfang. Um diese Routinen dauerhaft beizubehalten, solltest du sie für 21 Tage hintereinander einplanen: Nimm 21 Haftnotizen und vermerke darauf die 21 Tage. Pro Tag kannst du dann ein Post-it entfernen, wenn du die neue Routine ausgeführt hast. Der große Vorteil einer Routine ist, dass du deinen Kopf von negativen Gedanken befreist und Raum schaffst für Konzentration und positive Energie.«

TAG 1

Routine Nr. 1: Ich wähle den richtigen Moment, um aufzuwachen

Rein theoretisch müsste man den Sonnenauf- und Sonnenuntergang berücksichtigen, was in unserer modernen Welt jedoch nicht so einfach ist.

Das Aufwachen aus einer **Tiefschlafphase** wird dich den ganzen Tag über beeinträchtigen. Wachst du hingegen aus einer **Leichtschlafphase** auf, läufst du zur Hochform auf und auch die Laune wird gut. Es gibt Handy-Apps, die das gute Zeitfenster zum Aufwachen anzeigen: einfach einmal testen.

Für mich ist ein Wecker ideal, der mich morgens **nicht gleich belästigt.** Programmiere deinen Wecker so, dass er dich mit sanfter oder fetziger

Musik weckt, je nach deiner Persönlichkeit. Stelle den Wecker möglichst weit weg von deinem Bett, so dass du gezwungen bist aufzustehen, um ihn auszuschalten. Mache Schluss mit »nur noch 5 Minuten«. Nein, Freunde, es wird aufgestanden! Sonst kommt anschließend eins zum anderen: Man ist hektisch, man ist zu spät dran und rennt für den Rest des Tages.

Wann fängst du damit an? Nächsten Montag? **Nein! Morgen früh!**

Routine Nr. 2: Ich nehme eine heldenhafte Haltung ein

Wenn ich gleich morgens die Haltung eines geprügelten Hundes einnehme, habe ich kaum Chancen, das Kinn zu heben. Ich nehme daher die Haltung eines Helden* ein: Ich halte mich aufrecht, Augen offen, Hände in den Hüften, Schultern nach hinten und ein Lächeln auf den Lippen.

*Tipp von Olga Ciesco

Hast du einen **Schlachtruf** oder besser einen LEBENS-Schrei? Jetzt ist der richtige Moment, einen zu finden!

....

Meiner ist YESSS! Für Montag, Dienstag ...

Meine Geschichte dazu

»Ich kenne solche Gedanken wie ‚ich habe keine Lust', ‚ich bin zu faul', dieses schmerzhafte Erwachen, als habe man bereits 100 Jahre auf dem Buckel, diesen Mangel an Dynamik, an Lust. Ich glaube, jeder erlebt solche Momente und ich würde sogar sagen, dass dies nicht weiter schlimm ist, solange es nicht länger anhält. Der schmerzlichste Augenblick meines Lebens war der Tag, an dem ich erfahren habe, dass mein Vater nicht mein biologischer Vater ist. Ich war 35 Jahre alt. Es ist nicht einfach, so zu tun, als würde einen das nicht weiter berühren, während im Inneren ein 50 Stockwerke hoher Turm einzustürzen scheint. Nach dieser Nachricht wollte ich mich nur noch im Bett verkriechen, mich nicht mehr bewegen und heiße Tränen weinen. Genau das habe ich drei Monate lang jeden Morgen gemacht, sobald mein Mann und meine Kinder zur Arbeit bzw. in die Schule gegangen waren. Ich war unendlich traurig, empfand Hass, Angst, Wut, es ging mir SCHLECHT. Seitens meiner Emotionen war es eine Achterbahnfahrt. Nach und nach habe ich die Dinge wieder in die Hand genommen. Ich bin früher aufgestanden, bin joggen gegangen, bin wieder auf den Weg der ausgewogenen Ernährung zurückgekehrt, habe aufgehört Chips zu essen, habe das Fenster aufgemacht um besser atmen zu können, habe mobilisierende Musik gehört. Und dann habe ich verziehen, denn es hatte nichts mit mir zu tun, es war die Geschichte meiner Eltern, nicht meine.

Diese Erfahrung dient mir im Alltag, denn mir ist bewusst, dass alles innerhalb des Bruchteils einer Sekunde ins Wanken geraten kann. Es ist wichtig, jede Sekunde, die uns geschenkt wird, zu nutzen, um glücklich zu sein.«

Routine Nr. 3: Beim Frühstück tanke ich die volle Energie

Unsere Ernährung wirkt sich von morgens an auf unsere Energie aus. Wenn ich zu viel, zu süß, zu fett, zuviel industriell verarbeitete Lebensmittel esse, wird die direkte Folge ein Gefühl von Müdigkeit, Laschheit und Demotivation sein. Gute Kraftstoffe sind frische Produkte und Ballaststoffe. Das ideale Frühstück? Eine Schüssel Müsli und Obst.

Was isst du derzeit zum Frühstück?

....

Was könntest du stattdessen essen, um mehr Energie zu tanken?

....

Routine Nr. 4: Ich trinke Wasser, sobald ich aus dem Bett gesprungen bin

Einige versorgen sich durch Kaffee, Limonade, Saft oder Alkohol mit Kraftstoff. Und was ist mit dem Wasser? Also auf an die Quelle! 1,5 Liter Wasser pro Tag zu trinken, versorgt dich mit Energie. Du bist eine schöne Pflanze und die will gegossen werden! So kommst du auf 1,5 Liter:

Routine Nr. 5: Ich suche nach FREUDE

Freude ist die kraftvollste Emotion, um sich voll Energie zu fühlen. Wie wäre es, jeden Morgen einen kleinen Freudentanz aufzuführen? Suche eine fetzige Musik aus und ab geht die Post mit 3 Minuten genussreicher Emotionen. Dies wird zuerst deinen Tagesablauf und dann dein Leben beeinflussen. Ehrenwort einer Fröhlichen!

Routine Nr. 6: Ich stelle mir die richtigen Fragen

Wie du dich morgens fühlst, wirkt sich auf deinen ganzen Tag aus!
Was kann ich heute tun, um gut in Form zu sein? Was kann ich heute tun, um zu lächeln? Was kann ich heute tun, um mich wohl zu fühlen? Was kann ich heute tun, um positiv zu denken? Was kann ich heute tun, um jeden Augenblick voll und ganz zu (er)leben?
Dank dieses Fragensystems wird dein Gehirn deine Umgebung scannen, um die Lösung zu finden und dir die besten Antworten zu liefern.

Deine Geschichte dazu

Kurze Frage an dich, die/der gerade dieses Kapitel liest:

Wie geht es dir? ....

Falls du dich in keiner sehr guten Form fühlst oder es dir sogar schlecht geht, sprich mit deinem Arzt darüber, mit einem Freund/einer Freundin, jemandem aus deiner Familie ... aber versprich mir, diesen Moment nicht allein zu bewältigen. Du kannst auch mich über die sozialen Netzwerke kontaktieren, 100 % Vertraulichkeit zugesichert, ich antworte dir!

Welchen Grund/welche Gründe hat dieser Mangel an Energie?

....

Welche Routine kannst du als erste einführen?

....

Routine Nr. 7: Wasser macht munter!

Eine schöne Dusche am Morgen sollte nicht vergessen werden, wobei sie mit einem kälteren Wasserstrahl beendet wird ... aber nicht zu kalt, um die Schockwirkung warm/kalt zu vermeiden. Wir wollen schließlich sanft mit uns umgehen.

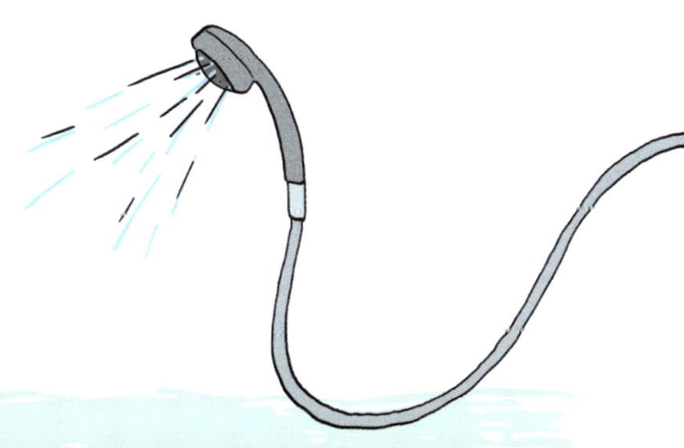

3 ANTWORTMÖGLICHKEITEN STEHEN ZUR WAHL:

a) Ich führe eine Routine aus der Vorschlagsliste ein

b) Ich werde an allen Fronten aktiv, um mehr Energie zu gewinnen

c) Ich sage mir, dass dies alles schön und gut ist, ABER ich mache nichts

Antworten a und b: Du hast alles kapiert.
Antwort c: Nimm dir die Zeit, das Motto des Tages noch einmal zu lesen.

Meine Bilanz der 1. Woche

»BRAVO, dass du diese überaus wichtigen Etappen für die Fortsetzung unserer Challenge bestätigt hast. Lass dir Zeit, überstürze bei den einzelnen Etappen nichts. Damit eine Veränderung wirksam wird, ist die Wiederholung ausschlaggebend. Wie Martin Latulippe sagt, ist es günstiger, eine einzige Veränderung vorzunehmen und diese 100, 1000, 10.000 Mal zu wiederholen, als 100, 1000, 10.000 Veränderungen vorzunehmen, aber jede nur ein einziges Mal.

Diese Woche konnte etwas in Bewegung gebracht und gelöst werden, es war der Beginn kleiner Dinge, die in dir vor sich gehen! Bedenke: Nichts ist einfach, alles ist neu, aber es ist ein Geschenk, diese Neuigkeiten zu entdecken ...«

Allgemeine Bilanz:

Was habe ich während dieser ersten 7 Tage gelernt?

....

....

Welche Ziele habe ich mir gesteckt?

....

....

....

Auf welche Schwierigkeiten bin ich gestoßen?

....

....

....

Welche Lösungen habe ich gefunden, um die Übungen erfolgreich zu absolvieren?

....

....

Welche Vorteile habe ich daraus ziehen können?

....

....

Wie fühle ich mich?

....

....

Warum ist es wichtig für mich, am Ball zu bleiben?

....

....

Tag 1. ICH ATME!

1. Wie fühle ich mich nach den Atem- und Meditationsübungen (auf einer Skala von 1–10)?

2. Was ich geübt habe:

- **Die Atmung mit Herzkohärenz während .... Minuten**
- **Das hörbare Gehen während .... Minuten**
- **Die Meditation während .... Minuten**

Was ich weiterüben werde:

- **Die Atmung mit Herzkohärenz während .... Minuten .... Mal pro Woche**
- **Das hörbare Gehen während .... Minuten .... Mal pro Woche**
- **Die Meditation während .... Minuten .... Mal pro Woche**

Und wenn ich ins Stocken gerate ... Was hindert mich am Handeln? ....

....

Tag 2. ICH HABE MEINE WERTE

1. Auf welchen Wert/welche Werte habe ich mich bezogen, wenn ich eine Entscheidung treffen musste? Wenn ich mich äußern musste? Wenn ich handeln musste?

....

....

2. Wie oft habe ich mich auf meine Werte bezogen?

....

3. Wie habe ich mich gefühlt (auf einer Skala von 1–10, wobei ich mich bei einem Wert von 10 in völligem Einklang mit mir gefühlt habe)?

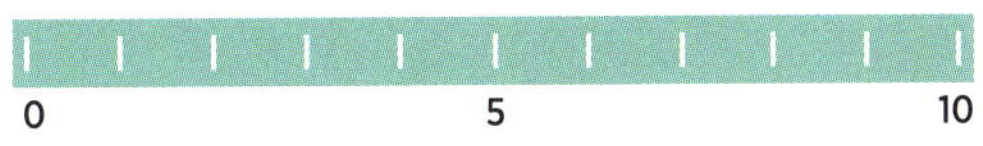

4. Wie kann ich, je nach Ergebnis, beim nächsten Mal vorgehen, um Fortschritte zu machen und mich noch besser im Einklang mit mir zu fühlen?

....

....

Tag 3. PROKRASTINATIONS-ALARM!

1. Habe ich verstanden, warum ich die Dinge vor mir herschiebe? ☐ ja ☐ nein

2. In welcher Situation habe ich die Oberhand gewonnen? ....

....

3. Wie habe ich einen Spaß daraus gemacht? ....

4. Habe ich täglich 5 Minuten für den Bereich aufgebracht, in dem ich vorankommen will?

....

5. Was habe ich nach Ablauf der Zeit empfunden?

....

Tag 4. ICH SCHALTE DEN AUTOMATIKMODUS AB

1. Fühle ich mich »on« oder »off«?

2. Hast du dich verändert, seit wir uns kennen?

3. Womit hast du begonnen?

4. Zweifelst du an deinen Fähigkeiten, dich verändern zu können?

5. Bist du stolz auf das, was du auf die Beine gestellt hast?

➡ ***Falls du ins Stocken geraten bist, liegt das daran, dass dein Gehirn Widerstand leistet, aber sei ganz beruhigt, du hast das letzte Wort!***

Tag 6. ICH VERBESSERE MEINE ÄUSSERE ERSCHEINUNG

1. Warum ist es wichtig, ein gutes Selbstbild zu haben?

2. Hast du vor dem Spiegel deine positive Bilanz gezogen? ☐ ja ☐ nein

3. Was sind deine körperlichen Vorzüge?

4. Wie kannst du dich dazu verpflichten, nicht mehr über dich zu urteilen?

5. Wie viele Tage lang hast du es geschafft, dich nicht zu vergleichen?

➡ ***Befrage dein Umfeld, es gibt Menschen, die dich großartig finden!***

Tag 5. ICH BEWEGE MEINEN KÖRPER

1. Hast du die Übung mit den kleinen Sprüngen auf der Stelle gemacht? ☐ ja ☐ nein

2. Wie oft pro Tag, pro Woche?

3. Kannst du mehr tun?

➡ *Also los, mache es jetzt sofort!*

Tag 7. ICH STEHE MIT DEM RICHTIGEN FUSS AUF

1. Hast du eine neue Morgenroutine eingeführt? ☐ ja ☐ nein

2. Falls du mit ja geantwortet hast, was hast du dabei empfunden?

....

3. Was musst du erst noch einführen?

....

4. Worauf wartest du?

....

5. Bist du nicht wirklich davon überzeugt?

....

Hey!

Vergiss nicht: Du bist einzigartig,
es gibt keine Kopie von dir, du bist das Original.

DU BIST GROSSARTIG, ZWEIFLE NICHT DARAN!

Hättest du geglaubt, es bis Tag 7 zu schaffen? Du hast bereits gute Fortschritte gemacht und bist am Ende einer Woche angelangt, in der du vieles geändert hast. Mir ist bewusst, dass die Dinge, die ich von dir verlange, schwierig erscheinen können … aber das sind sie **NICHT,** sie sind nur **NEU!** Sich zu verändern verlangt immer, etwas umzustoßen. Ich bin mir sicher, dass du die Ressourcen in dir hast, um es zu schaffen. Lass dich nicht entmutigen und räume die Hindernisse aus dem Weg, die dich daran hindern, dich zu entwickeln, zu wachsen und du selbst zu sein.

So, liebe Freunde, weiter geht's!

IMMER BEREIT?

DANN LOS!!!

Ich sage NEIN

Und ich werde anspruchsvoller

»Hattest du schon einmal das Gefühl, das fünfte Rad am Wagen zu sein? Nicht nein sagen zu können, ein Geschäft mit einem Paar Schuhe zu verlassen, das dir nicht wirklich gefiel? Uninteressant zu wirken, wie durchsichtig? Dieses Gefühl der Frustration ist anstrengend. Es ist keine sehr angenehme Situation, aber auch kein unabwendbares Schicksal. Es ist absolut möglich, sich zu verändern, denn nichts ist in Stein gemeißelt.
Lerne, NEIN zu sagen, ein unerschütterliches und endgültiges Nein. Kein NEIN, das mit dem Kopf JA nickt und mit dem Mund NEIN sagt. Ein NEIN, das auf deine Gestik abfärbt …*«

*Achtung, sich zu sehr zu behaupten, anderen gegenüber zu anspruchsvoll zu werden, kann sich gelegentlich als ineffektiv erweisen. Behandle andere mit Respekt und Wohlwollen.

WIE KANN MAN SICH BEHAUPTEN?

Bevor du dich darin übst, musst du dir der Gründe bewusst werden, die dich daran hindern, dich zu behaupten.

1. Wovor hast du Angst?

➡ Du hast Angst davor, nein zu sagen? **Damit schadest du dir selbst, du hast das Recht, etwas abzulehnen.**

➡ Du hast Angst davor, etwas zu verlangen? **Wenn du es nicht tust, wer wird es dann für dich tun?**

➡ Du hast Angst davor, auf Kritik zu antworten? **Kleiner Trick: Egal, was man zu dir sagt, drehe den Spieß um, indem du sagst, es sei doch zu lustig, dass du genau dasselbe von ihm oder ihr gedacht hättest!**

➡ Du hast Angst davor, dem anderen zu sagen, dass du sie/ihn liebst? **Das ist ausgesprochen schade, denn es tut so gut, das zu hören!**

Meine Geschichte dazu

»Was mich in meinem Leben am meisten belastet hat, war die Tatsache, dass ich mich, egal was passierte, immer verpflichtet gefühlt habe, andere zu erfreuen und mich selbst dabei zu vergessen. Selbst wenn mir die Situation nicht passte, sagte ich ja, fand eine Möglichkeit, den anderen zufriedenzustellen. Man schenkte mir etwas, ich nahm es an und bedankte mich begeistert, selbst wenn das Geschenk schrecklich war und mir überhaupt nicht gefiel. Um Freude zu machen, war ich fähig, im Morgengrauen aufzustehen, um eine Freundin abzuholen, obgleich ich spät ins Bett gekommen war und lieber länger geschlafen hätte. Ich war immer dafür zu haben, es anderen bequem zu machen und mein Leben zu verkomplizieren.

Und wo blieb ich bei all dem? Eines Tages beschloss ich, dass es nun reichte. Zu anderen NEIN zu sagen bedeutet, zu sich selbst JA zu sagen! Meinen ersten Erfolg hatte ich beim Besuch in einem Fitnessstudio. Dort wurde ich empfangen wie eine Königin, die beiden Profi-Verkäufer versuchten alles, um mich zu einem Abonnement zu ermuntern. Ich hörte mir ihre wie geschmiert abgespulten Reden an, dann stand ich auf, dankte den beiden Apollos mit einem Lächeln für ihren großartigen Empfang und fügte hinzu, ich sei noch nicht entschlossen. Ihr könnt euch gar nicht vorstellen, welchen Stolz, welche Freude und Befreiung ich an diesem Tag empfunden habe.«

DU BIST DRAN!

In welchen Situationen fällt es mir schwer, NEIN zu sagen?

....

....

Wem gegenüber?

....

Aus welchem Grund/welchen Gründen?

....

Was empfinde ich in diesen Situationen?

....

Nein

Nein

Nein

2. Ich überzeuge mich selbst

Betrachte dich im Spiegel, während du laut ein echtes JA aussprichst, begleitet von einer Geste, die ebenfalls JA sagt. Sage anschließend ein deutliches NEIN mit einer entschiedenen ablehnenden Kopfbewegung.

3. Ich übe, mich zu behaupten!

Suche dir Personen aus, mit denen du dich sehr wohl fühlst. Heute wirst du dir deren Bitten anhören. Bevor du ihnen jedoch antwortest, atmest du tief durch, blickst jeder dieser Personen in die Augen und sagst: *Ich muss erst darüber nachdenken, bevor ich zusage.*

➡ Was waren ihre Bitten?

....

....

➡ Lese diese laut vor und antworte jeweils mit einem Satzbeginn wie:

Ich entscheide mich, folgendes zu sagen, zu tun, zu denken ....

denn meine Antwort stimmt mit dem überein, was ich will, wer ich bin und was ich werden will. Wie fühle ich mich bei einer solchen Antwort?

....

....

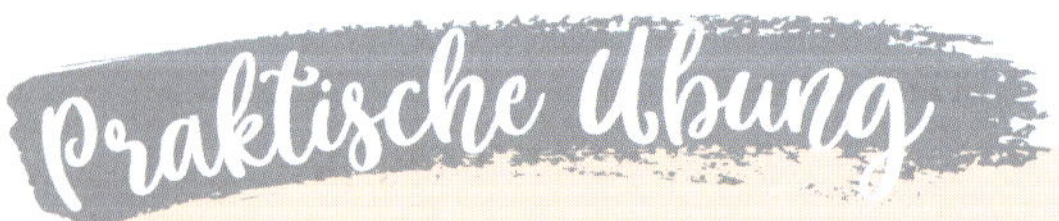

Du gibst eine telefonische Bestellung für Kleidung, Schminke, Lebensmittel durch ... Egal was: wähle etwas aus, was dir nicht gefällt. Ziel ist es, im letzten Moment nein zu sagen. Wenn man dich nach deiner Kreditkartennummer/Bankverbindung/Adresse fragt, sagst du, du hättest deine Meinung geändert und würdest erst noch einmal überlegen.

Wen wirst du anrufen? ....

Was wirst du bestellen? ....

Wie hast du dich gefühlt, nachdem du es abgelehnt hast, deine Bestellung abzuschließen? ....

....

Falls du wider Willen doch bezahlt hast, schickst du das Päckchen ungeöffnet zurück: Es gibt immer wieder eine neue Gelegenheit, sich zu behaupten.

4. Ich nehme mir ein Vorbild

➡ Notiere den Namen der Person in deinem Umfeld, die sich am besten behaupten kann:

....

➡ Wie macht sie das deiner Meinung nach?

....

➡ Was würde sie in einer für dich schwierigen Situation wohl sagen?

....

➡ Schreibe eine Situation auf, in der du dich behaupten konntest:

....

3 ANTWORTMÖGLICHKEITEN STEHEN ZUR WAHL:

a) Ich verpflichte mich, mich wie eine VIP zu behandeln

b) Ich kann anderen gegenüber nein sagen

c) Ich ziehe mich in mein Schneckenhaus zurück und vergesse meine Träume

Antworten a und b: Du hast alles kapiert.
Antwort c: Nimm dir die Zeit, das Motto des Tages noch einmal zu lesen.

Tag 09

Ich schlafe wie ein Baby

»Schlafen ist eine **lebenswichtige Notwendigkeit,** um sich gut in Form und energiegeladen zu fühlen, zur Ruhe zu kommen und klare Gedanken fassen zu können. Das ist offensichtlich, dennoch neigt man dazu, es zu vergessen! Schlechter Schlaf erzeugt **gesundheitliche Probleme** wie Übergewicht und Adipositas, Bluthochdruck, Diabetes, einen Anstieg der Triglyceridwerte … Man muss noch 20 Jahre alt sein, um nach einer durchfeierten Nacht, in der man morgens um 6 Uhr ins Bett gekommen ist, um 7:30 Uhr wieder aufstehen zu können. Ich bin in einer derartigen Situation den ganzen Tag über am Ende meiner Kräfte. Ich kann nicht richtig denken, könnte im Stehen einschlafen und schwöre mir, dass ich das letzte Mal so spät heimgekommen bin! Um das Ganze in den Griff zu bekommen, kompensiere ich meine Müdigkeit durch zu viel Essen und fröne allem möglichen Knabberzeug.

Selbst ohne jeden Abend auszugehen, kann man sich mit dem Schlafen sehr schwer tun: Man wälzt sich im Bett und im Kopf drehen sich die Gedanken. Man findet nicht in den Schlaf und ist es dann endlich doch gelungen, kann alleine das Atmen des Partners oder Hundes einen so stören, dass man sich das Kopfkissen über die Ohren legen muss. Kurz und gut, du träumst davon, wie ein BABY zu schlafen.«

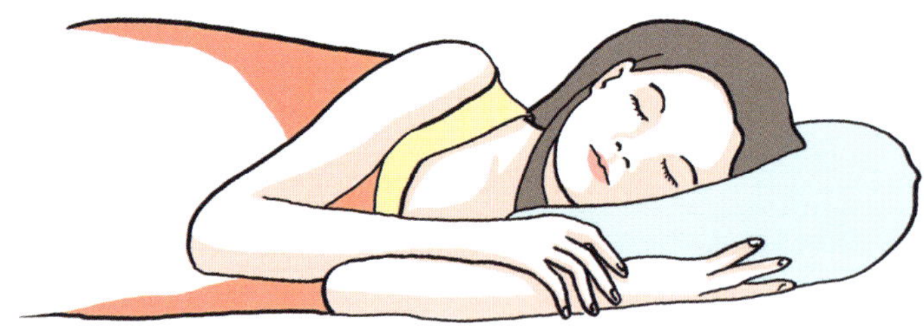

Hinweis

In diesem Kapitel spreche ich nicht über Menschen, die unter Schlaflosigkeit oder Schlafapnöe leiden: das sind komplizierte Fälle, in denen ein Arzt konsultiert werden sollte. Ich wende mich hier an die Menschen, die von Zeit zu Zeit das Problem haben, eine Nacht gut durchzuschlafen!

Meine Checkliste, um dir zu helfen

1. Das Einmaleins für einen besseren Schlaf

➡ Rechne mit mindestens 6–7 Stunden Schlaf, um dich wohlzufühlen.

➡ Wage dich an eine kleine Siesta!

➡ Meide ab 17 Uhr alle Muntermacher wie Alkohol, Kaffee, Tee, Tabak …

➡ Trinke vor dem Schlafen genügend Wasser und stelle dir ein Glas Wasser ans Bett.

➡ Schlafe in einem gelüfteten Zimmer und vermeide ein überheiztes Schlafzimmer (nicht über 18 °C).

➡ Meide abends jegliches blaues Licht (Fernseher, Computer, Handy …): Schalte dein Handy um 21 Uhr aus!

➡ Kämpfe nicht gegen die Müdigkeit an, wenn es Zeit zum Schlafen ist, dann ist es eben Zeit! Dann wird keine weitere Episode einer TV-Serie angeschaut.

➡ Schlafe nackt oder in Baumwollkleidung, damit dein Körper atmen kann.

➡ Vorsicht vor Sport zu spät am Abend.

Meine Geschichte dazu

»Mit etwa 35 Jahren hatte ich einen überaus unruhigen Schlaf. Jede Nacht wachte ich mehrmals auf und selbst wenn es mir gelang, relativ schnell wieder einzuschlafen, fühlte ich mich morgens erschöpft.
Damals war es nicht sehr lange her, dass ich abgenommen hatte (-35 kg) und mir war ständig kalt. Bevor ich ins Bett ging, war ich eingemummelt, als wolle ich den Mount Everest besteigen. Ich überprüfte, dass Tür und Fenster geschlossen waren und dann, hopp ins Bett! Als ich mit meinem Mann über meine ständige Müdigkeit sprach, sagte er, als sei das für ihn ganz selbstverständlich, in einem Zimmer, in dem die Luft nicht zirkuliert, könne ich natürlich nicht gut schlafen. Ich wagte es nicht, das Fenster zu öffnen, denn als ich jünger war, war bei uns mitten in der Nacht eingebrochen worden. Nicht ohne Angst akzeptierte ich 10 Stunden Frischluft unter einem Sternenhimmel: Ich verbrachte eine ausgezeichnete Nacht. In meinem Fall war das Problem damit gelöst.«

2. Was auf den Teller darf

Abends solltest du zu üppige Mahlzeiten meiden (zu fett und mit zu viel tierischem Eiweiß) und stattdessen Gemüse bevorzugen. Fans von Milchprodukten sollten diese nicht mit Milchdesserts verwechseln. Meide scharf gewürzte Speisen: sie erhöhen die Körpertemperatur.

Heute Abend koche ich mir etwas Vegetarisches:

- Geraspelte Karotten
- Linsen mit Zwiebeln und einer kleinen Pilzpfanne
- Eine Portion Quinoa
- Sojajoghurt mit passierten Früchten

3. Die unterstützende Atmung

Wenn du dich heute Abend ins Bett legst, atme durch die Nase tief ein, spanne die Bauchmuskeln an und atme durch den Mund bei weiterhin angespannten Bauchmuskeln langsam aus, bis keine Luft mehr in den Lungen ist. Wiederhole die Übung 3 Mal und steigere die Anzahl allmählich, bis du in den folgenden Wochen auf 10 Wiederholungen kommst.

Programmiere deinen Radiowecker auf einen fetzigen Sender, um fröhlich und motivierend geweckt zu werden.
Wer sich morgens ordentlich in Schwung bringt, kann abends besser schlafen.

3 ANTWORTMÖGLICHKEITEN STEHEN ZUR WAHL:

a) Ich führe gute Schlafgewohnheiten ein

b) Ich stelle meine Ernährung um

c) Ich melde mich im Club der Nachtwächter an

Antworten a und b: Du hast alles kapiert.
Antwort c: Nimm dir die Zeit, das Motto des Tages noch einmal zu lesen.

Wirst du weiterlesen, nachdem du eine Nacht gut geschlafen hast?

Ich übernehme eine positive Einstellung

Was für ein Bonus!

»Positiv eingestellt zu sein bedeutet, immer die gute Seite zu sehen, eine Situation zu beschönigen und unter einem angenehmeren Blickwinkel zu betrachten. Wer positiv eingestellt ist, findet immer eine Möglichkeit, die Hoffnung zu haben, dass die Dinge sich bessern werden. Man hat weniger Angst vor der Zukunft, lacht über Situationen, akzeptiert Bewährungsproben und hat Vertrauen.
Nun habe ich jedoch bei meinen vielen Begegnungen festgestellt, dass einige sich mit dem Leben überaus schwer tun. Sie neigen dazu, zu jammern, alles schwarz zu sehen, nichts für eine Verbesserung der Situation zu tun, traurig zu sein, das Leben zu erdulden anstatt es in vollen Zügen zu leben, nicht zu kämpfen und zu denken, es sei ihr Karma (vor allem, wenn es negative Dinge sind!). **Guten Tag, Beklommenheit!** «

Beispiel für ein kleines Gespräch mit einer negativ eingestellten Person

Fragt man zu Beginn der Woche, wie es dieser Person geht, lautet ihre Antwort »wie es montags halt so geht« und Freitagabend heißt es dann »wie es freitags nach einer ganzen Woche eben so geht«!
An welchem Tag geht es dieser Person gut?
»Wie schön es heute ist, das freut mich«! Die negative Antwort auf diese Aussage heißt: »aber das wird nicht lange anhalten« …
So kann die Stimmung innerhalb von zwei Sekunden negativ beeinflusst werden!

Wer negativ eingestellt ist, sendet negative Wellen aus. Wiederholt man sich ständig, dass es einem schlecht geht, dass die anderen schuld daran sind, dass nichts vorangeht, so befindet man sich in einer Abwärtsspirale, die einen ganz nach unten ins Loch fallen lässt.
Gewinnst du hingegen allem, was du erlebst, positive Seiten ab, hast eine angenehme, dynamische Energie, bringt dich dies voran und du fühlst dich besser.

Gebrauchsanleitung für gute Laune

Ab heute lautet das Ziel, in allen Situationen, die du erleben wirst, das Positive zu suchen und zu erkennen, was du aus einer unangenehmen Situation lernen kannst.

Bist du bereit? Dann los!!!

1. JA UND sagen … nicht JA, ABER …

Hast du in deinem Umfeld eine Person, die immer »ja, aber …« sagt? Egal, um was es geht, sie klammert sich immer an dieses »ja, aber … .« Ein »Ja, aber …« heißt übersetzt *Ich will nicht, ich kann nicht, ich habe keine Lust, ich habe nicht die Kraft* … es ist ein verkapptes NEIN.
An Tag 8 habe ich dir etwas darüber erzählt, wie wichtig es ist, nein sagen zu können, aber dieses »Nein« war ein Nein, um etwas Unzumutbares nicht zu akzeptieren und sich im Interesse des eigenen Wohlbefindens zu entscheiden.
Übung: Ändere das Vokabular, verwende nicht mehr JA, ABER … sondern ersetze es durch JA UND …

Hinweis

Einen wichtigen Punkt möchte ich klarstellen: ich spreche hier von geringfügigen Lebensereignissen. Wenn du eine oder mehrere schwerere Situationen erlebt hast, lass dir bitte von medizinischen Fachleuten helfen. Bestimmte Situationen verlangen eine spezielle Betreuung und therapeutische Behandlung.

2. »Switchen«

Lerne es, deine Gemütsverfassung von negativ auf positiv umzuschalten. Um positiv zu denken, ist es an der Zeit, Satzanfänge wie »ich muss« oder »ich soll« zu streichen. Sobald man sie ausspricht, verkündet man dem Gehirn eine lästige Arbeit, eine unangenehme Verpflichtung, etwas, das zu tun keine große Freude macht.

1. Etappe: Ich spüre die Momente auf, in denen ich diese Begriffe verwende.

2. Etappe: Ich ersetze sie durch »ich habe Lust auf/das Bedürfnis nach«, »was für ein Glück, dass«, »ich möchte gerne«.

Einige werden mich jetzt fragen: Wie kann ich Lust darauf haben, das Haus aufzuräumen? Das ist keine sehr glamouröse Lust, oder? Da bin ich absolut einer Meinung mit euch, aber hinter diesem »ich habe Lust/das Bedürfnis« verbirgt sich das Endergebnis, nicht die Aktion. Denkt eher: Ich habe große Lust auf ein aufgeräumtes und sauberes Haus.

Weitere Beispiele:

Ich habe Lust/das Bedürfnis, zu kochen? Nach einem Arbeitstag macht das Kochen nicht sehr viel Freude, aber man kann große Lust haben, eine nette kleine Mahlzeit zu genießen.

Ist es ein Glück, die Buchhaltung zu machen? Nein, aber es ist ein Glück, die Buchhaltung auf aktuellem Stand zu halten, man fühlt sich beruhigt.

➡ Suche die lästige Arbeit, den Zwang oder die unangenehme Verpflichtung des Tages:

....

➡ Verwandle diese nun in eine Lust/ein Bedürfnis:

Ich wünsche/möchte...

....

Ich habe Lust/das Bedürfnis...

....

Tag 10

Meine Geschichte dazu

»Ich habe einen eher optimistschen Blick aufs Leben, trotz der häufigen Hänseleien, die ich in jüngeren Jahren wegen meines Übergewichts erdulden musste. Mein Charakter ist eine Stärke, die ich weiterentwickelt habe, um mich vor verschiedenen Angriffen zu schützen und die es mir ermöglicht hat, meine Ängste zu besänftigen und auch für schwierige Situationen immer eine Lösung zu finden. Als ich mit meinem Sohn Anthony im zweiten Monat schwanger war, erfuhr ich, dass ich Toxoplasmose habe, was für den Fötus verhängnisvoll sein kann. In Tränen aufgelöst kam ich nach Hause.
Nach einer Nacht voller Angst musste ich mich irgendwie beruhigen, ich musste die zweite Blutabnahme zur Bestätigung der Diagnose abwarten. Diese 14 Tage Wartezeit wären für manche entsetzlich gewesen. Ich beschloss, Abstand zu gewinnen, ich habe die schlechte Nachricht akzeptiert und es dem Leben überlassen, sich um das Endresultat zu kümmern. Was hätte ich auch sonst tun sollen? Zum Glück wendete sich das Blatt. Mein Kind war gesund. Uff!«

3. Der Inspektor von der Glücks-Abteilung!

Unsere heutige Aufgabe: in allem das Positive suchen. Damit wir uns glücklich und zufrieden fühlen, brauchen wir fünf Mal mehr Positives als Negatives. Dann fangen wir doch gleich beim Aufwachen mit positiven Aussagen an!

Es geht mir gut, das Wetter ist schön, was für ein schöner Tag, danke für dieses sonnige Erwachen, was für eine gute Nacht … Guten Morgen, Kinder, ich liebe euch, einen schönen Tag Liebling … Ein »Lächeln«, ein »Danke«, ein »ich liebe dich« …

➡ Welches sind deine 3 positiven Sätze des Tages?

1. ....

....

2. ....

....

3. ....

....

....

Nicht vergessen!

Ich erlaube es, dass mein Kopf mit positiven Gedanken gefüllt wird … alle anderen werden verscheucht!

➡ Stelle dir aufrichtig diese Frage:

Welche positive Absicht habe ich heute? Für mich? Bei der Arbeit? Für meine Gesundheit, meine Freunde, meine Familie?

....

....

....

....

➡ Was wirst du dafür tun, was auch gut für dich selbst ist?

....

....

....

....

4. Der SMILE-Reflex ☺

Für eine positive Einstellung muss man lächeln. Nicht dümmlich grinsen, sondern heiter, um sich in einer wirklich positiven Stimmung wiederzufinden! Sobald du heute jemandem begegnest, den du kennst, ist es obligatorisch, bei der Begrüßung ein smile (Lächeln) zur Schau zu stellen!

Und das soll bitte aufrichtig sein!

3 ANTWORTMÖGLICHKEITEN STEHEN ZUR WAHL:

a) Ich wähle positive Formulierungen

b) Ich akzeptiere, was mir geschieht

c) Ich mache eine Hellseher-Ausbildung, dann kann ich die Zukunft vorhersehen und das Unglück meiden

Antworten a und b: Du hast alles kapiert.

Antwort c: Nimm dir die Zeit, das Motto des Tages noch einmal zu lesen.

Tag 11

Ich habe Selbstvertrauen

Und ich höre auf, an mir zu zweifeln

Eine außergewöhnliche Person ist eine gewöhnliche Person, die verschiedene Dinge außer der Reihe macht.

» Du fühlst dich öfter abgelehnt, schüchtern, wie unsichtbar. Du bezweifelst, dass man sich für dich interessieren könnte, zweifelst daran, liebenswert zu sein … Du fühlst dich uninteressant und hast regelmäßig das Gefühl, zu stören. Wer hat dir solche Gedanken in den Kopf gesetzt? Deine Eltern, Freunde, ein Ehepartner, Bekannte, der Chef, du selbst?

Gute Nachricht, Freunde: Selbstvertrauen lässt sich erarbeiten. Mit etwas Übung bringt man es zu außerordentlichen Ergebnissen.

Habt ihr schon einmal eine Person für ihre Art bewundert, für das Selbstvertrauen, das sie ausstrahlt? Eine Person, die sich in vielen Situationen wohlfühlt, die ein Talent dafür hat, andere Menschen anzuziehen, die völlig selbstsicher vor einem Publikum sprechen kann, die außerordentliche pädagogische Fähigkeiten hat, um Wissen zu vermitteln, eine natürliche Einstellung, von der ihr jedes Mal wieder verblüfft seid? *Aber wie macht diese Person das, ich würde gerne auch so sein! Diese Person kann alles, sie ist einfach großartig!*

Dazu müsst ihr zwei Dinge wissen:

1. Diese Person, die ihr vergöttert, kann NICHT alles. Ich kann euch sogar verraten, dass sie nicht einmal in allen Bereichen Selbstvertrauen hat. Ich bin sicher, ihr könntet ihr Dinge beibringen, die ihr könnt.
2. Und wenn DU diese Person voller Selbstvertrauen wärst? 

Selbstvertrauen, was ist das eigentlich?

David Lefrançois formuliert es so: »Es bedeutet, an sich selbst zu glauben! Selbstvertrauen ist eine Komponente der Selbstachtung. Es bedeutet, sein Potenzial zu kennen und alles so auf die Beine zu stellen, dass man es verwirklichen kann. Selbstvertrauen macht das Leben einfacher, es öffnet Türen, es sorgt dafür, dass wir uns rundherum wohl fühlen. Mit Selbstvertrauen stellt man seine Talente heraus und reißt Grenzen ein. Es ist auf den ersten Blick nicht offensichtlich, dass man seine Komfortzone verlassen muss, aber dies ist unerlässlich, um in dem gewünschten Bereich Selbstvertrauen zu bekommen. Um dein Selbstvertrauen zu entwickeln, wird es dein Ziel sein, in kleinen Schritten aktiv zu werden, durchzuhalten, koste es was es wolle, und auf die kleinen negativen Sätze der Selbstsabotage zu verzichten. Umgekehrt kann zu viel Selbstvertrauen arrogant wirken: Finden wir also das gesunde Mittelmaß, um glücklich und stolz auf uns zu sein.«

Meine Geschichte dazu

»Heute habe ich überhaupt kein Problem mehr damit, vor einem Publikum zu sprechen. Wo manche die totale Panik bekommen würden, bin ich sehr entspannt, ob vor 100 oder 3000 Zuhörern. Das ist jedoch nicht immer so gewesen. Als ich jünger war, war ich sehr reserviert. Es fiel mir entsetzlich schwer, auf Menschen zuzugehen, am liebsten wäre ich immer geflüchtet. Es reichte, dass mich jemand anschaute, dass man das Wort an mich richtete, ich mit jemandem telefonieren, Brot kaufen, jemanden um eine Auskunft bitten musste – schon schoss mir die Röte ins Gesicht. Ich stotterte und war unbeholfen. Die einzige Lösung, die ich fand, um in kleinen Schritten zu mehr Selbstvertrauen zu gelangen war, zuerst einmal abzunehmen. Ich nahm 35 kg ab, mein Selbstbild wurde dadurch aufgewertet. Die Tatsache, dass ich diese Herausforderung angenommen hatte, bewies mir, dass ich durchaus Fähigkeiten hatte. Heute habe ich Vertrauen in das, was ich will, was ich bin und was ich kann.«

Und wie bekomme ich Selbstvertrauen?

TRAUE DICH ETWAS! Dich nichts zu TRAUEN bedeutet, Angst davor zu haben, es schlecht zu machen, ausgelacht, bloß gestellt, verletzt zu werden. TRAUE dich etwas, solange dies nicht dein Leben oder das deiner Familie gefährdet. LEGE LOS, habe vor nichts Angst! Du kannst dir gar nicht vorstellen, welche unglaublichen Ressourcen wir in uns haben, um Schwierigkeiten zu überwinden. Ich persönlich habe mich dabei selbst verblüfft.

Bist du bereit? Dann los!!!

1. Aktiv werden

➡ Wähle den Lebensbereich aus, in dem es dir wichtig erscheint, an Tempo zuzulegen, da du dich hier seit langem im Leerlauf befindest.

- ☐ In der Liebe
- ☐ In der Familie
- ☐ In der Beziehung zu anderen
- ☐ Bei der Arbeit
- ☐ Im persönlichen Bereich
- ☐ In der Freizeit
- ☐ Anderer Bereich: ....

➡ Starte mit einer kleinen Aktion, die dir problemlos gelingen wird. Du solltest dich anfangs bei einer Übung sicher fühlen. Wenn du beispielsweise Angst davor hast, vor Zuhörern zu sprechen, beginne nicht mit einem Vortrag vor 2000 Personen, sondern sprich erst einmal im Freundeskreis.

Meine kleine Aktion des Tages: ....

....

Ich will sie .... Mal ausführen

und ich beginne (Datum): ....

Ziehe eine Bilanz deiner kleinen Aktion:

➡ Was hast du dabei empfunden? ....

....

➡ Worauf bist du besonders stolz?

....

....

....

➡ Warum ist das wichtig für dich?

....

....

....

➡ Was ist meine nächste AKTION, um mehr Selbstvertrauen zu gewinnen?

....

....

Beispiel für eine gelungene kleine Aktion

Seit einer Woche versuchte Lulu vergeblich, auf ihre allabendliche Packung mit 15 Pralinen zu verzichten. Dadurch legte sie an Gewicht zu und verlor das Vertrauen in ihre Fähigkeiten, abzunehmen. Sie war demotiviert. Es wäre vergebens gewesen, ihr zu sagen, sie solle abrupt aufhören, ihre Pralinen zu essen: Misserfolg garantiert!

Wir fanden einen Kompromiss: Ich schlug ihr vor, jeden Tag 3 Pralinen aus der Packung herauszunehmen. Ihr Lächeln zeigte, dass dieser Deal zu gewinnen war, es war einfach, machbar und so realistisch, dass Lulu ihr Versprechen ohne jede Anstrengung halten konnte: 3 Pralinen x 7 Tage = 21 Pralinen pro Woche weniger. Das nennt man eine schöne AKTION, die einem wieder Vertrauen in die eigenen Möglichkeiten gibt.

Mein Tipp: Versuche nie, die Dinge zu überstürzen. Kleine Schritte sind die Aufwärmübungen, die auf den Medaillengewinn vorbereiten.

2. Ziel: Löschen/Neu programmieren

Höre auf, über dich zu URTEILEN, sobald du eine Aktion, ein Verhalten, eine Überlegung, eine Einstellung ausprobierst, die nicht unbedingt zu deinen Gewohnheiten gehört. Urteile nicht über dich, das hast du schon so oft gemacht und es hat nicht zu mehr Selbstvertrauen geführt, im Gegenteil. Diesen Mechanismus werden wir also nicht wiederholen. Es ist wichtig, dass du gewisse **Verhaltensweisen** löschst. Sobald du ein Urteil, eine Kritik, eine negative Überlegung zu deinen Aktionen bemerkst, holst du dein STOPP-Schild heraus und sagst dir stattdessen einen positiven Satz.

Beispiele:

- *Ich teste eine neue Art, das zu tun.*
- *Ich übe.*
- *Das ist gut für mich.*
- *Ich gehe in meinem Tempo vor.*
- *Niemand könnte das an meiner Stelle tun.*
- *Danach werde ich stolz sein.*
- *Ich wage das Abenteuer.*
- *Ich glaube daran.*
- *Ich bin dazu fähig.*
- *Nun bin ich auf einem guten Weg.*
- *Dies ist mein erster Schritt zum Erfolg.*

3. Eine N@chricht schreiben

Wähle etwa 15 Personen aus deinem Umfeld aus und schicke diesen eine besondere Bitte per e-Mail, SMS, Video oder über die sozialen Netzwerke:

Hallo ....(Vorname),

du kennst mich ja gut, könntest du mir, damit ich vorankomme und mich in Top-Form fühle, 2 oder 3 Eigenschaften nennen, die du an mir schätzt oder 2 oder 3 Dinge, die du von mir lernen könntest?

Danke für deine Hilfe und liebe Grüße.
(Unterschrift/Dein Name)..

3 ANTWORTMÖGLICHKEITEN STEHEN ZUR WAHL:

a) Ich lerne durch Beobachtung

b) Ich tue so, als hätte ich Selbstvertrauen

c) Ich lege eine Pause mit Chips ein und beklage mich

Antworten a und b: Du hast alles kapiert.

Antwort c: Nimm dir die Zeit, das Motto des Tages noch einmal zu lesen.

Tag 12

Wenn die Angst mich am Weiterkommen hindert

» Um deine Ängste auszuräumen, werde ich weder deine Energiepunkte drücken, noch dich immer wieder und wieder ein Mantra wiederholen lassen: das sind nicht meine Methoden. Genau wie du kenne ich die Angst, diesen Druck im Magen, das schlechte Gefühl, die Unsicherheit, die aus der Angst erwächst. Heute möchte ich dir vor allem beibringen, deine Angst zu besänftigen und zu relativieren. Was du dir als Katastrophe vorstellst, ist wahrscheinlich lediglich eine gute Lektion des Lebens. Anstatt dich von deinen Ängsten ausbremsen zu lassen, **lasse dich von deinen Träumen, deinen Bedürfnissen, deinem Herzen leiten.** «

Wovor hast du Angst?

Angst vor dem Alleinsein, verlassen zu werden, Angst vor dem Unbekannten, keine Kompetenzen zu haben, etwas schlecht zu machen, es nicht zu schaffen oder gar davor, Erfolg zu haben? Und wenn es, um diese Ängste vom Tisch zu wischen, nur eine einzige Sache bräuchte … ein bisschen Mut? Ich spreche nicht vom Mut von Superman oder Super Woman, ich spreche vom Mut, anders zu denken. Top oder Flop?

Wir haben Angst, noch bevor irgendetwas geschehen ist. Wir haben eine überbordende Vorstellungskraft für das Spielchen »Jage mir Angst ein«.

➡ *Wenn ich heirate, verliere ich meine Freiheit.* Aber glaubst du wirklich, dass alle Paare von der Außenwelt abgeschottet leben?

➡ *Wenn ich diesen Mann verlasse, den ich nicht mehr liebe, werde ich alleine sein.* Es gibt keine Altersgrenze dafür, eine neue Liebe zu finden.

➡ *Wenn ich meinen Mann ins Ausland begleite, wo er arbeitet, verlasse ich meine Familie.* Du verlässt sie nicht, du entdeckst die Welt, deine Familie wird dich besuchen kommen.

Es gibt viele Tausend »Wenns«, die wir ständig erfinden und die Angst, die sie erzeugen, macht uns blind. Nimm deine trübe Brille ab, öffne die Augen, denn alle diese Dinge hindern dich nur daran, das Geschenk zu sehen, das sich dahinter verbirgt. Das ist die erste Aktion, die Mut entstehen lässt.

Meine Geschichte dazu

»Als mein Sohn 4 Jahre alt war, sind wir wegen eines HNO-Problems zur Kur nach Amélie-les-Bains gefahren. Dort habe ich einen dreißigjährigen Kurgast kennengelernt, der uns vorgeschlagen hat, gemeinsam Richtung Spanien ins Dali-Museum zu fahren. Als junge Mama, die ich war, habe ich das Angebot angenommen und wir sind zu der Spritztour gestartet. Im Museum bot der freundliche junge Mann an, meinen Sohn huckepack zu nehmen und ich habe gerne zugestimmt. Wir haben die verschiedenen Etagen besichtigt und plötzlich, als ich mich umdrehte, war niemand mehr da! Ich bin gerannt, habe gerufen … Ich bin so schnell gerannt, dass ich das Gefühl hatte, zu fliegen. Die Angst verlieh mir Flügel. Ich habe die beiden schließlich wiedergefunden: ich habe meinen Sohn wortwörtlich von den Schultern des jungen Mannes gerissen und ihn beschimpft, weggegangen zu sein, ohne mir etwas zu sagen. Ich habe meinen Sohn an mich gedrückt, um mich zu beruhigen. Noch nie in meinem Leben hatte ich eine solche Angst. Das Gefühl war sehr intensiv: es lag auf dem Angstbarometer bei 10. Dieses Ereignis hatte eine unglaubliche Wirkung auf mich, die bis heute anhält. Von diesem Augenblick an, habe ich mir geschworen, dass mir nie mehr in meinem Leben etwas solche Angst machen dürfe. Seither relativiere ich alles und mache große Fortschritte. Wenn ich meine anderen Ängste mit der damaligen vergleiche, habe ich sofort weniger Angst. Diese Situation hat mir gezeigt, dass man niemals vorhersagen kann, was geschehen wird und dass man, wenn sich wirklich einmal eine Katastrophe ereignet, **in sich die Ressourcen findet, die zum Handeln nötig sind.**«

Unterscheiden lernen zwischen nützlicher Angst und unnützer Angst

Angst ist zusammen mit Wut, Freude und Trauer eine der vier Grundemotionen. Sie soll uns schützen, da sie uns vor einer unmittelbar drohenden Gefahr warnt. Ist die Angst in unserem Leben zu stark präsent, macht sie uns jedoch handlungsunfähig. Hält sie länger als 10 Sekunden an, wird sie zu einem Gefühl, anschließend zu einer Stimmung und danach zu einem furchtsamen Charakter.

Lasse nicht zu, dass die Angst sich bei dir als Untermieter einnistet. Vertreibe sie! Werbe stattdessen Mutter Courage an, sie wird eine angenehmere Mitbewohnerin! Echte Angst muss spürbar werden, wenn dein Leben in Gefahr ist! Allerdings musst du dir dieser Gefahr dann auch bewusst sein.

Vor ein paar Jahren, als ich im 7. Monat mit meiner Tochter Emma schwanger war, fuhr ich zu einer Untersuchung ins Krankenhaus. Der Arzt war sehr überrascht, mich mit einem Motorradhelm unter dem Arm zu sehen: *Ist Ihnen klar, wie gefährlich das ist?* Nein, mir war nicht eine Sekunde lang bewusst gewesen, welcher Gefahr ich mein künftiges Kind und mich aussetzte.

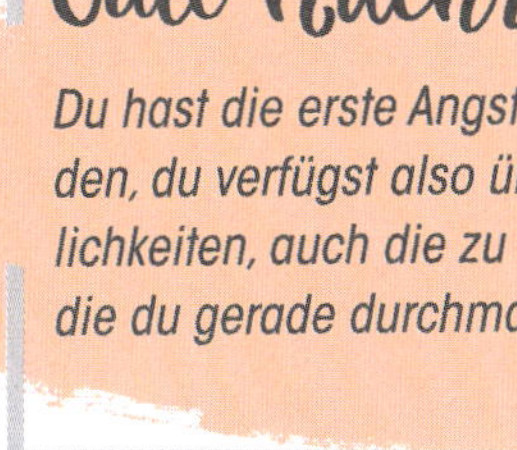

Gute Nachricht

Du hast die erste Angst überstanden, du verfügst also über alle Möglichkeiten, auch die zu überstehen, die du gerade durchmachst.

Und du?

➡ Was war die größte Angst, die du in deinem Leben hattest?..

➡ Wie stark schätzt du sie ein?

■ M ■ L ■ XL ■ XXL ■ XXXL

(Ich bewerte meine schlimmste Angst mit XXXL.)

➡ Wovor hast du aktuell am meisten Angst?..

➡ Wie stark schätzt du diese Angst ein?

■ M ■ L ■ XL ■ XXL ■ XXXL

➡ Wenn diese Angst stärker ist, ist es deine neue XXL-Angst.

➡ Wenn du diese Angst mit XXL bewertest, was könntest du tun, um sie auf XL zu reduzieren?

....

....

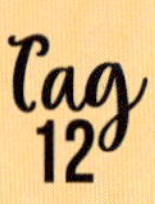

Tag 12

Bist du bereit? Dann los!!!

1. Die eigene Angst analysieren

Sobald du Angst verspürst, setze dich hin und nimm dir Zeit, sie anzuhören.

➡ Was sagt dir diese Angst?

....

....

➡ Warum hast du diese Angst? Woher kommt das?

....

....

➡ Hast du schon einmal eine so katastrophale Situation erlebt

....

....

....

➡ Bei welcher Gelegenheit?

....

....

....

➡ Ist es dir damals gelungen, die Situation zu managen? ☐ ja ☐ nein

Falls JA, ist alles okay. Falls NEIN, welche Lehre kannst du daraus ziehen?

....

....

....

➡ Wie könntest du dir den Rücken freihalten?

....

....

➡ Wodurch kann dich diese Angst zu Fall bringen?

....

....

➡ Wenn diese Angst deine Freundin wäre, könntest du sie bitten, eine Zeit lang auf Abstand zu bleiben? Wie würde es dir ohne diese Angst gehen?

....

....

➡ Wenn diese Angst eine Hilfe wäre, eine Botschaft, ein Hinweis, was würde sie dir sagen?

....

....

2. Einen Talisman haben

Wähle einen Gegenstand, der für dich den Begriff Mut am besten repräsentiert. Die Art des Gegenstands ist gleichgültig, aber wähle eher die Murmel als die Boule-Kugel, wenn du sie in deiner Tasche tragen willst … Halte den Gegenstand griffbereit und sobald du merkst, dass sich Angst in dir breit macht, drückst du diesen Gegenstand ganz fest. Sage dir: *Ich habe Mut und die Fähigkeiten, mich dieser Situation zu stellen.*

3 ANTWORTMÖGLICHKEITEN STEHEN ZUR WAHL:

a) Ich unternehme alles, um die Situation abzusichern

b) Ich bewerte meine Angst auf einer Skala von M bis XXXL

c) Ich klappere mit den Zähnen und rufe meine Mama an

Antworten a und b: Du hast alles kapiert.

Antwort c: Nimm dir die Zeit, das Motto des Tages noch einmal zu lesen.

Tag 13

Mein Stress = meine Giftdosis

»Stelle dir eine Welt vor, in der die Zen-Haltung ständig präsent wäre: Nichts könnte dich treffen, auf jede Emotion gäbe es die passende Antwort. Dein Geist würde nie durch negative Gedanken belastet. Du wärst immer gelassen, niemals zu spät. Du würdest schlafen wie ein Baby. Du hättest eine außergewöhnliche Anpassungsfähigkeit.

Träumen wir nicht weiter: So kann nur **Buddha** sein! Die Buddha-Statue entzückt mich übrigens sehr. Ich praktiziere diese Religion nicht, aber die ruhige und friedliche Haltung dieses Repräsentanten der Zen-Einstellung fasziniert mich. Wie macht er es, stundenlang in dieser Position zu bleiben? Ich habe durchaus versucht, mich in den Schneidersitz zu setzen, um meinen Stress los zu werden und das Nirwana zu erreichen, aber ich muss gestehen, dass diese Haltung für mich nicht ideal ist, um inneren Druck abzubauen.

Wir leben in einem ständigen Stresszustand, ob in der Arbeit oder in der Familie … es wäre an der Zeit, dass wir lernen, uns zu ENT-SPAN-NEN. Dieser Stress verdirbt unser Leben, er macht uns krank.«

Gibt es Antistress-Kuren? Ja, man nennt sie Urlaub … solange die Unterkunft nicht direkt neben einer Autobahn liegt!

Meine Geschichte dazu

»Vor einigen Jahren war ich noch die Königin der Hausarbeit. Ich besaß das gesamte Arsenal an Haushaltsprodukten und hatte nur eine Zwangsidee: keine Unordnung und nichts sollte schmutzig werden. Infolgedessen lud ich immer weniger Leute zu mir nach Hause ein. Wenn jemand etwas schmutzig machte, was ich geputzt hatte, war ich sehr gestresst, ich sah nur noch diesen kontaminierten Bereich. Meine Wochenenden verbrachte ich mit putzen, ich ging sogar soweit, die Zimmerdecken zu schrubben. Der Club der Menschen mit Putzfimmel – vielleicht erkennst du dich wieder. Das schönste Kompliment, das man mir machen konnte war, dass mein Haus sauber und toll aufgeräumt sei. Ich beendete dieses Theater, als mir bewusst wurde, dass ich von meinen Wochenenden nichts mehr hatte und dass es anstrengend war, ein perfekt geputztes Haus haben zu wollen. Irgendwann verstand ich, welches Bedürfnis dahinter steckte: ich wollte das vermeiden, was ich als Kind erlebt hatte, nämlich in einem so unordentlichen Haus zu leben, dass ich mich dafür schämte. Ich hatte erst erkennen müssen, woher dieser Stress kam.
Nach und nach konnte ich dann Konzessionen machen.«

Warum ist es so wichtig, mit Stress gut umzugehen?

Ganz einfach deswegen, weil er uns sonst langsam umbringt: 3 Minuten Stress bedeuten 3 Stunden lang Cortisol im Blut. Dieses Stresshormon ist in hoher Dosis echtes Gift für den Organismus. Es steigert unsere Müdigkeit auf ein Höchstmaß und schwächt unsere Abwehrkräfte.
Einige Mittel gegen Cortisol: (körperliche!) Bewegung, denn dadurch werden Endorphine angekurbelt.
Nicht vergessen: Ein unbeweglicher Körper somatisiert und leidet.

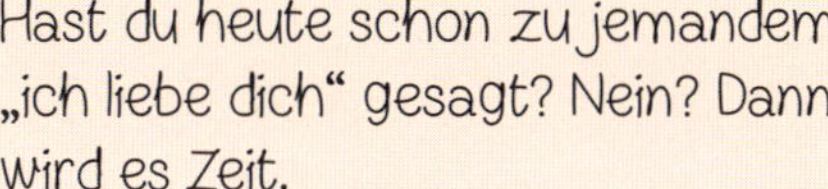

Bonus

Hast du heute schon zu jemandem „ich liebe dich" gesagt? Nein? Dann wird es Zeit.

1. Ich lausche der Natur

Nimm dir in einer ruhigen und heiteren Umgebung 5 Minuten Zeit. Lausche dem Gesang der Vögel, dem Wind in den Bäumen oder einfach nur der Stille der Nacht. Die Natur ist eine großartige Quelle der Beruhigung.

2. Ich treffe eine Auswahl

Bestimmte Dinge, deretwegen wir uns stressen, sind es nicht wert. Wie wäre es, eine Auswahl zu treffen? Manchmal tut es gut, die Dinge zu relativieren.

➡ Schreibe 3 Ereignisse auf, die dich stark stressen:

1. ....

2. ....

3. ....

Was ist der äußere Auslöser für diesen Stress?

....

....

....

Was empfindest du, wenn du gestresst bist?

....

....

....

....

Welches Bedürfnis verbirgt sich hinter diesem Stress?

....

....

....

....

➡ Schreibe 3 Ereignisse auf, die dich mittelmäßig stressen:

1. ....

2. ....

3. ....

Warum fühlst du dich dadurch nur mittelmäßig gestresst?

....

➡ Schreibe 3 Ereignisse auf, die dich geringfügig stressen:

1. ....

2. ....

3. ....

Warum fühlst du dich dadurch nur geringfügig gestresst?

....

➡ Was tust du, um den Druck durch diesen Stress zu verringern?

....

....

➡ Könntest du bei stärkerem Stress ebenso vorgehen?

....

....

3 ANTWORTMÖGLICHKEITEN STEHEN ZUR WAHL:

a) Ich nehme mir Zeit, bewusst zu atmen, bevor ich unter Stress handle

b) Ich versuche herauszufinden, welches Bedürfnis sich hinter diesem Stress verbirgt

c) Ich lasse vor allem alles beim Alten!

Antworten a und b: Du hast alles kapiert.
Antwort c: Nimm dir die Zeit, das Motto des Tages noch einmal zu lesen.

3. Ich baue Stress ab

Male dieses Mandala aus, die Ruhe wird nach und nach über dich kommen.

Ich kann mit meinen Emotionen umgehen

»Emotionen… das »Schimpfwort« des Tages, vor allem, wenn man größte Schwierigkeiten damit hat, sie in den Griff zu bekommen! Häufig sind sie negativ besetzt, denn »sie sind immer schuld«. Unsere Emotionen sind jedoch eine Art GPS, sie sollen uns leiten und bringen uns etwas über uns und die anderen bei. Angst haben wir vor dem, was uns die Emotionen zwangsweise bewusst machen: sie nötigen uns dazu, uns bestimmten Wahrheiten zu stellen.«

Und du?

➡ Wie reagierst du auf Emotionen?

Du leugnest sie. Es ist immer einfacher zu sagen:
Aber nein, ich bin nicht traurig!

Du verstärkst sie, um einen Vorteil davon zu haben:
Ich habe zu große Angst, hilf mir, kümmere dich um mich.

Du fliehst vor ihnen. Beispielsweise vermeidest du es, ein bestimmtes Familienmitglied zu sehen, weil du dich nicht bereit fühlst, deine Wut zu äußern.

Das sind die 3 häufigsten Verhaltensfehler als Reaktion auf Emotionen, daher wird es Zeit, dies zu ändern.

Seine Emotionen zu akzeptieren bedeutet, sich besser zu fühlen und den inneren Frieden wiederzufinden.

Heiße deine Emotionen willkommen

Lerne es, deine Emotionen anders zu betrachten, indem du sie freundlich empfängst oder, wenn dir das lieber ist, sie willkommen heißt. Eine Emotion ist so etwas wie ein **Bote:** Wenn man dir eine gute oder schlechte Nachricht verkündet, hörst du diese und handelst oder reagierst entsprechend. Es wird Zeit, in Bezug auf Emotionen ebenso vorzugehen.

Bist du bereit? Dann los!!!

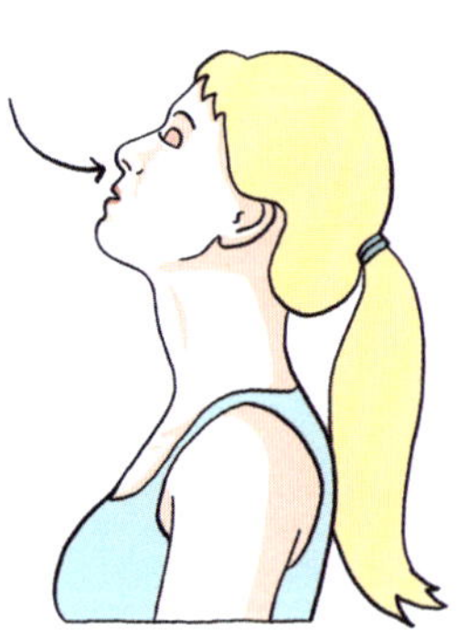

1. Eine Pause einlegen

Nimm dir, wenn du unter dem Einfluss einer unangenehmen Emotion stehst, 5–10 Minuten Zeit, um frische Luft zu schnappen, aus dem Haus zu gehen, ein Stück zu laufen oder dich ans offene Fenster zu stellen.

2. Zuhören

Lerne es, jede Emotion, die du empfindest, zu erkennen und zu benennen.

➡ Was spüre ich?

- ■ Angst
- ■ Wut
- ■ Freude
- ■ Traurigkeit
- ■ Scham
- ■ Überraschung
- ■ Ekel
- ■ Sonstiges : ....

➡ Wodurch wurde die Emotion ausgelöst? ....

....

....

....

....

➡ Entschlüssle die Botschaft:

- Wovor könnte mich diese Emotion eventuell warnen?

....

....

....

....

- Wenn diese Emotion ein Geschenk wäre, was wäre es?

....

....

....

....

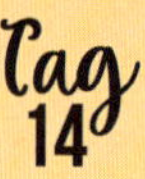

Meine Geschichte dazu

»Jedes Mal, wenn ich in meinem Leben Wut empfunden habe, wurde diese durch eine Ungerechtigkeit ausgelöst. Ich hasste es, zu Unrecht beschuldigt zu werden oder wenn jemand anderes vor mir zu Unrecht beschuldigt wurde. Wenn ich mir nichts hatte zu Schulden kommen lassen, verteidigte ich mich, ich weinte und griff an. Jetzt höre ich mir die Bemerkungen an, ich beruhige mich und gebe Erklärungen ab, sobald ich alle Fakten verdaut und berücksichtigt habe. Ich habe beschlossen, erst einmal nichts zu sagen. Wenn ich etwas Zeit verstreichen lasse, stelle ich erstaunt fest, dass die Bemerkungen nicht unbedingt gegen mich gerichtet waren. Ich verbiete es mir, unter dem Einfluss von Wut irgendetwas zu äußern! Es kann sich durchaus als nützlich erweisen, wenn ich die Quelle meines Schmerzes herausfinde: diese Gelegenheit hatte ich, bevor meine Oma starb. Die vier Monate vor ihrem Tod, in denen ich sie gepflegt habe, haben mir zu verstehen geholfen, woher mein Gefühl der Ungerechtigkeit stammte. Mein kindliches Gemüt hatte die Dinge auf eine bestimmte Art interpretiert, jetzt als Erwachsene kam ich zu einer völlig anderen Entschlüsselung. Wenn unser Erwachsenenleben auf wackligen Füßen steht, muss man sich auch bewusst machen, dass sich unsere Art zu funktionieren verändern kann und muss, wenn wir vorankommen wollen.«

- Wenn mir diese Emotion sagen würde, dass ich in meinem Leben etwas verändern muss, was wäre das?

....

....

....

....

➡ Welches Bedürfnis verbirgt sich hinter dieser Emotion?

....

....

....

- Früher machte ich unter dem Einfluss der Emotion Folgendes……

- Heute mache ich (stattdessen)……

➡ **Meine Verpflichtung:** mein neues Verhalten angesichts meiner Emotion

……

Nicht vergessen!

Meine Grundregel: Niemals eine Entscheidung unter dem Einfluss einer Emotion treffen. Nimm dir Zeit, dich etwas zurückzuziehen, damit alles klarer wird, nimm dir Zeit, durchzuatmen, gehe an die frische Luft. Unter dem Einfluss einer Emotion kann man nicht wirklich vernünftig denken.

Vergiss nicht, die Emotionen anderer anzuerkennen, indem du sagst:

- *Es ist manchmal normal, das zu empfinden.*
- *Ich bin für dich da, wenn du meine Hilfe brauchst.*
- *Ich liebe dich sehr.*
- *Ich verstehe dich…*

3 ANTWORTMÖGLICHKEITEN STEHEN ZUR WAHL:

a) Ich äußere, was ich empfinde

b) Ich heiße meine Emotionen willkommen

c) Ich behalte alles für mich und warte, bis mir die Sicherung wieder durchbrennt

Antworten a und b: Du hast alles kapiert.

Antwort c: Nimm dir die Zeit, das Motto des Tages noch einmal zu lesen.

»Die Hälfte ist geschafft! Du imponierst mir! Spürst du schon eine Veränderung in der Art, wie du die Dinge siehst, empfindest und akzeptierst? Dieses Büchlein spricht einige schwierige Themen locker an, sei also auch locker mit dir selbst. Ich säe kleine Samenkörner der Veränderung, aus denen sich später schöne Dinge entwickeln, die geteilt werden können. Zweifle nicht, du kommst voran. Immer mit der Ruhe, ihr Lieben! Und Achtung, wir wollen keinen Schritt auslassen und wiederholen, was wir in der zurückliegenden Woche gelernt haben, denn es ist Zeit für eine Bilanz.«

Allgemeine Bilanz

Was habe ich in dieser zweiten Woche gelernt?

....

....

Welche Ziele habe ich mir gesteckt?

....

....

....

Auf welche Schwierigkeiten bin ich gestoßen?

....

....

Was für Lösungen habe ich gefunden, um die Übungen erfolgreich zu absolvieren?

....

....

Welche Vorteile habe ich daraus ziehen können?

....

....

Wie fühle ich mich?

....

....

Warum ist es wichtig für mich, am Ball zu bleiben?

....

....

Tag 8. ICH SAGE NEIN

1. Welche Tat(en) habe ich umgesetzt?

2. War dieser Anfang positiv? Ja? Nein? Warum?

3. Wie oft habe ich mich behauptet?

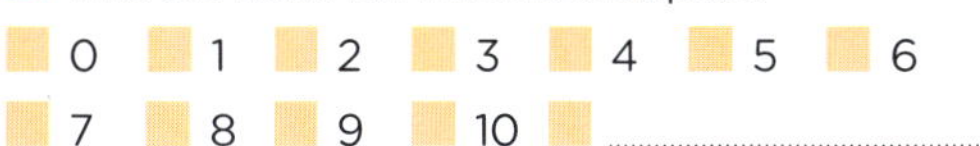

4. In welchem Lebensbereich?

5. Was empfinde ich, wenn ich mich behaupte?

Tag 9. ICH SCHLAFE WIE EIN BABY

1. Was habe ich umgesetzt, um besser zu schlafen?

2. Inwiefern ist besseres Schlafen für mich wichtig?

3. Welche Bedeutung messe ich der Tatsache bei, besser zu schlafen?

Tag 10. ICH ÜBERNEHME EINE POSITIVE EINSTELLUNG

1. Welche Menschen habe ich mit einem Lächeln empfangen?

2. Was habe ich dabei empfunden?

3. Wie hat die Person reagiert, die ich angelächelt habe?

4. War dieses neue Verhalten bereichernd?

Tag 11. ICH HABE SELBSTVERTRAUEN

1. In welchen Situationen zweifle ich am meisten an mir?

2. Was habe ich umgesetzt, um mehr Selbstvertrauen zu bekommen?

3. Habe ich herausgefunden, woher mein mangelndes Selbstvertrauen kommt?

4. Welche kleine Aktion habe ich umgesetzt?

5. Wen habe ich beobachtet, um mehr Selbstvertrauen zu empfinden?

Tag 12. WENN DIE ANGST MICH AM WEITERKOMMEN HINDERT

1. Wie hoch schätze ich inzwischen meine Fähigkeit ein, mit der Angst umzugehen?

0 5 10

2. Welche Aktionen habe ich umgesetzt?

3. War dieser Anfang positiv? Ja? Nein? Warum?

4. Was muss besser werden?

5. Wie oft habe ich Mut gefasst?

0 1 2 3 4 5 6 7 8 9 10

6. In welchem Lebensbereich?

7. Was habe ich dabei empfunden?

Tag 13. MEIN STRESS = MEINE GIFTDOSIS

1. Was habe ich über Stress gelernt?

2. Was habe ich in der Praxis umgesetzt, um weniger Stress im Leben zu haben?

3. Spüre ich dadurch Vorteile?

Tag 14. ICH KANN MIT MEINEN EMOTIONEN UMGEHEN

1. Gelingt es mir, meine Emotionen zu erkennen?

2. Welche Wirkung hat das auf mich?

3. Welche Botschaft senden mir meine Emotionen?

4. Welche Konsequenzen habe ich daraus gezogen?

5. Falls es mir nicht gelungen ist, kann ich mir die Gründe dafür erklären?

6. Wenn eine Freundin/ein Freund dieselbe Emotion empfunden hätte wie ich, was hätte ich ihr/ihm geraten?

7. Könnte ich diese Lösung beim nächsten Mal testen?

BRAVO

LIEBE FREUNDE, IHR SEID AUF DEM WEG ZU EINER VERÄNDERUNG!

Einige kleine Dinge sind in Bewegung geraten, dies ist der **BEGINN DES ERFOLGS.** Soll ich euch gleich eine Medaille verleihen oder warte ich damit bis zum Schluss?

Tag 15

Ich lebe MIT meinen früheren Verletzungen

»Egal was passiert, deine früheren Verletzungen bleiben an dir haften: Es ist unmöglich, sie loszuwerden, sie rufen dich zur Ordnung, sobald du versuchst, im Leben weiterzukommen. Verdrängst du sie, werden sie sogar noch präsenter, lassen dich leiden, quälen dich, nehmen dir die Luft zum Atmen … Man nennt sie **Verletzungen durch Verlassenwerden oder Ungerechtigkeit, Demütigung, Verrat, Zurückweisung*…**
Wie kann man mit seinen Verletzungen leben und sie sogar **zu einer Stärke machen?** Ich zeige dir einige Strategien, die mir gut geholfen haben.«

* Lise Bourbeau

Was ist zu tun?

Ich stelle mir die frühere Verletzung wie eine Freundin vor, die wie eine Klette an mir hängt: Du kannst machen, was du willst, sie kommt immer wieder zurück, ist immer da, in guten wie in schlechten Zeiten. Wie Staub, den man wegwischt und der immer wiederkommt, verschwindet sie momentan, um dann wieder aufzutauchen. Ich bitte dich heute, diese Verletzung als deine beste Freundin zu akzeptieren. Schwierig! NEIN, das ist nicht schwierig, sondern einfach nur neu. Diese Verletzung ist ohnehin da und du musst mit ihr zurechtkommen. Schluss mit »ich halte sie nicht mehr aus, ich will, dass sie verschwindet, ich ärgere mich, ich hätte …« Wozu soll das gut sein? Du hast ja selbst gesehen, dass es nicht funktioniert.

Nicht vergessen!

Sei beruhigt, nichts ist in Stein gemeißelt. Dinge verbessern sich, wenn man will, dass sich etwas verändert. Es ist ganz allein deine Entscheidung, Bewegung in die Dinge zu bringen und deine Grenzen nach außen zu verschieben.

Du kannst deine Vergangenheit weder vergessen noch verändern, aber du kannst einer gelassteneren Zukunft entgegengehen und dich mit deiner Vergangenheit aussöhnen. Deine Vergangenheit ist deine Geschichte. Verzeihe sie dir!

Bist du bereit? Dann los !!!

1. Bilanz ziehen

➡ Beginne damit, deine Verletzung zu identifizieren:

■ Verrat ■ Ungerechtigkeit ■ Ablehnung ■ Verlassenwerden ■ Demütigung

■ Sonstiges:..

➡ Gib ihr anschließend einen Namen: ....

Ich habe sie »Kletten-Freundin« genannt. Du kannst ihr jeden aus deiner Sicht passenden Namen geben!

2. Eine gute Einstellung einnehmen

Jedes Mal, wenn du merkst, dass sich diese alte Verletzung wieder bemerkbar macht, **mache dir bewusst,** dass sie da ist, um hallo zu sagen. Antworte laut: *Ich habe dich gehört, ich weiß, dass du da bist, bleibe ruhig da, aber ich habe zu tun.* Oder auch: *Ah, meine Kletten-Freundin kommt zu Besuch! Ist es schon wieder so lange her?* Sprich freundlich mit ihr. Gehe mit deiner Verletzung um wie mit einer Freundin, die ungelegen kommt oder nicht merkt, wann sie besser gehen sollte, während du beginnst, den Tisch abzudecken und zu gähnen, ohne viel zum Gespräch beizutragen, damit sie merkt, dass sie sich verabschieden sollte.

Nach kurzer Zeit merkt es der Gast und geht. Sei nicht zu direkt mit deiner Kletten-Freundin, gehe vorsichtig mit ihr um, ohne genervt zu sein, ohne Vorurteil. Es ist ein Fehler, sie nicht zu beachten: Erkenne lieber ihre Anwesenheit an und mache einfach mit dem weiter, was du gerade gemacht hast, denn je mehr du sie vertreiben willst, desto mehr nistet sie sich ein.

Dank dieser Übung ist meine Verletzung nach und nach immer schweigsamer geworden, Tage, Wochen und schließlich Monate sind vergangen, ohne dass sie sich gezeigt hätte. Und wenn sie hin und wieder doch vorbeikommt, empfange ich sie erstaunt und sage: *Wo warst du denn? Bist du wieder da?* Meine Verletzung dient mir als Erfahrung, um anderen zu helfen, ich habe ihr einen Sinn gegeben und sie akzeptiert.

Kleiner Trick

Schreibe große Probleme, die du anpacken willst, vorübergehend auf und lege die Zettel in eine Schachtel, um erst einmal die kleineren Probleme anzupacken.

Meine Geschichte dazu

»Es ist schon speziell, mit 35 Jahren zu erfahren, dass dein Vater nicht dein leiblicher Vater ist. Genau das habe ich erlebt und erst dadurch habe ich das ungerechte Verhalten meines Vaters mir gegenüber als Kind verstanden. Dennoch empfinde ich die Verletzung nicht so sehr als Verlassensein, sondern eher als Ungerechtigkeit, was sicherlich daran liegt, dass ich die Nachricht erst mit 35 Jahren erhalten habe. Die Verletzung durch Ungerechtigkeit löste bei mir als Kind eine schreckliche Angst aus. Ich hatte immer das Gefühl, ich könne sagen, was ich wolle, man würde mir nicht glauben. Die Anerkennung durch den Vater nicht zu bekommen, selbst wenn die Nachweise vorlagen, habe ich als sehr schlimm erlebt. Daher stammte sicher diese Wut, die ich sehr lange in mir trug. Bis ins Jugendalter hinein war ich launisch und leicht eingeschnappt: das Ergebnis einer verdrängten Wut. Während des Aufwachsens wagte ich es nicht, etwas zu sagen. Nach und nach ließ ich los und akzeptierte es, mit der Tatsache zu leben, dass andere das Recht hatten, mir nicht zu glauben. Es war ihr Problem, ich war o.k. Vielleicht hatten auch sie eine Verletzung, die sie daran hinderte, mir zu glauben? Möglicherweise eine Verletzung durch Verrat!«

Schnell-Quiz

➡ Wie fühlst du dich?

....

➡ Was wirst du in Bezug auf deine Verletzung aus der Vergangenheit unternehmen?

....

➡ Wie kannst du diese Übung einfach gestalten?

....

➡ Welche persönlichen Ressourcen brauchst du dafür?

....

➡ Wozu verpflichtest du dich?

....

3 ANTWORTMÖGLICHKEITEN STEHEN ZUR WAHL:

a) Ich heiße meine Verletzung willkommen

b) Ich mache sie zu meiner Freundin

c) Ich stecke den Kopf ganz schnell in den Sand

Antworten a und b: Du hast alles kapiert.
Antwort c: Nimm dir die Zeit, das Motto des Tages noch einmal zu lesen.

Ab sofort machst du alle Übungen in Gesellschaft deiner neuen Freundin!

Ich beruhige mein EGO

»Was ist das Ego? Das ist **dein ICH … und alles, was damit zusammenhängt.** Jeder Mensch hat verschiedene Seiten in sich, die sich alle ausdrücken, sobald wir denken können und im Leben Entscheidungen treffen.«

Was will mein Ego? Es will Recht haben!

Seine wichtigste Aufgabe ist es, uns zu schützen und es will gewinnen. Das »Ich« will Recht bekommen, auch auf die Gefahr hin, dass du deine Entscheidung im Nachhinein bereuen wirst. Hast du nie gesagt: Das ist stärker als ich? Das Ego ist stark: Es legt uns einen Verband an, damit wir nicht leiden, dabei stellt es sich jedoch dumm an und daher herrscht in unserem Kopf ein Tohuwabohu. Es beschuldigt die anderen, es drängt dich, dich zu verteidigen, es kultiviert das Leiden, es verstärkt Züge wie Wut, Trauer und Frustration. Du hältst dieses Buch in Händen, um etwas zu verändern und ich nehme an, dass du diese kleinen Stimmen der verschiedenen »Ichs« beruhigen möchtest, die in dir kämpfen. Hier folgen einige Übungen, damit dies gelingt.

Bist du bereit? Dann los !!!

1. Sich seiner Entscheidungen bewusst werden

Stell dir vor, dass in deinem Kopf eine Gewerkschaftssitzung, eine Versammlung der Mietergemeinschaft oder ein Familientreffen stattfindet: Jeder hat seine Meinung, jeder hat etwas dazu zu sagen. Das Thema ist heikel, jeder ist davon überzeugt, Recht zu haben. Es gibt keine gute oder schlechte Antwort, höre nur auf die Stimme, die zu DEINEN Gunsten spricht.

➡ Heute bin ich für meine Entscheidungen verantwortlich und ich übernehme diese Verantwortung, auch wenn die Stimmchen in meinem Inneren mir das Gegenteil erzählen wollen.

 2. Praktische Übung

Stelle dir vor, man habe dir einen anderen Arbeitsplatz angeboten und du organisierst ein Spitzengespräch mit dir selbst.

➡ Mache dich zum Berichterstatter des Gesprächs und höre dir die verschiedenen Meinungen pro oder kontra an. Schreibe diese auf ein Blatt Papier:

Die »Kontras«:...

Die »Pros«:..

Beispiel:

Die »Kontras«: Du wirst doch deinen Job nicht aufgeben? Das ist ja verrückt! Stell dir nur vor, dass du vielleicht Kollegen bekommst, mit denen du nicht zurechtkommst. Und außerdem ist es viel zu weit weg! Da musst du ja umziehen! Das schaffst du nicht, dazu bist du schon zu alt. Du hast schon einmal versucht, den Beruf zu wechseln und hast dich damit vertan. Was regst du dich auf, so schlecht ist es hier doch gar nicht ...

Die »Pros«: Es reizt mich tatsächlich, das ist eine Herausforderung. Ich liebe diese neue Aufgabe. Davon träume ich schon lange. Man kann es ja versuchen, ich bin bereit dazu...

➡ Sobald du die verschiedenen Meinungen aufgeschrieben hast, liest du sie dir laut vor, um dir über das Durcheinander in deinem Kopf klar zu werden.

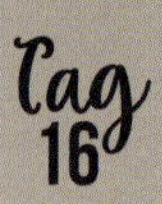

➡ Erkennst du dich in diesen verschiedenen Facetten des »Ichs«?

- ■ dem kreativen »Ich«
- ■ dem zweifelnden »Ich«
- ■ dem negativen »Ich«
- ■ dem positiven »Ich«
- ■ dem ängstlichen »Ich«
- ■ dem umtriebigen »Ich«
- ■ dem mutigen »Ich«
- ■ dem sabotierenden »Ich«
- ■ dem vernünftigen »Ich«
- ■ dem auf Sicherheit bedachten »Ich«
- ■ dem leidenden »Ich«
- ■ dem ehrgeizigen »Ich«
- ■ sonstiges: ....

....

....

....

➡ Triff deine Entscheidungen anhand deiner Werte, nicht anhand deiner früheren Leiden oder schlechten Erfahrungen.

Was will ich wirklich? Ich selbst übernehme die Macht über alle Seiten meiner Persönlichkeit.

....

....

....

....

Ich berücksichtige meine Werte.

Ich selbst entscheide!

Meine Geschichte dazu

»Als sich meine Oma den Oberschenkel gebrochen hatte, fand ich sie im Krankenhaus in einem so erbarmungswürdigen Zustand vor, dass ich dachte, sie würde die Nacht nicht überstehen. Um ihr möglichst nah zu sein, nahm ich ein Hotel in Zentrumsnähe und war am nächsten Morgen wieder an ihrer Seite, um sie zu unterstützen und ihr zu helfen, sich zu erholen, wobei ich ihr versprach: *Omi, mache dir keine Sorgen, du wirst nicht an einem gebrochenen Bein sterben.* Aber ein inneres Stimmchen sagte mir, alles sei verloren: Sie ist 98 Jahre alt, sie ist zu alt, die Ärzte haben dir gesagt, dass sie nicht mehr gehen wird.
Das war mein zweifelndes Ich, das Angst hatte. Dann aber gab es auch innere Stimmen, die sagten: Du schaffst das, du kannst ihr helfen, sie hat nur ein gebrochenes Bein, informiere dich, finde eine Lösung, du bist eine Kämpferin.
Die Nacht im Hotel war bis zu dem Moment höllisch, wo ich mir sagte: *STOPP, ich muss schlafen, um fit zu sein und klar denken zu können. Ich werde Schritt für Schritt vorgehen, morgen sehen wir weiter.* Es führt zu nichts, über die Probleme vom Vortag gebetsmühlenartig zu grübeln. Es besteht auch nicht die Gefahr, dass sie verschwinden, sie sind am nächsten Morgen pünktlich zur Stelle. Mein Kreuzzug zur Rettung meiner Großmutter war ein schöner, wenn auch nicht schmerzfreier Erfolg. Ich musste mich sehr abmühen, aber letzten Endes konnte ich die negativen Stimmen in mir zum Schweigen bringen und meiner Omi unterstützend zur Seite stehen.«

3 ANTWORTMÖGLICHKEITEN STEHEN ZUR WAHL:

a) Ich beobachte, was ich in mir so alles höre

b) Ich erstelle einen detaillierten Bericht der Gespräche

c) Ich grüble die ganze Nacht vor einer Kerze, anstatt zu schlafen

Antworten a und b: Du hast alles kapiert.
Antwort c: Nimm dir die Zeit, das Motto des Tages noch einmal zu lesen.

Tag 17

Schluss mit der Selbstsabotage!

»Jedes Mal, wenn du ein Projekt startest, kommst du nicht ans Ziel, ohne dass etwas schief läuft. Du hast eine besondere Gabe, deine Träume zum Scheitern zu bringen. Du bist ein Fan von Liebesgeschichten, die in die Brüche gehen, schon längst hast du keine persönlichen und beruflichen Ambitionen mehr, jeder Versuch, deine Situation zu verbessern, ist zum Scheitern verurteilt! Jedes Treffen mit Freunden ist eine Katastrophe, jeder Kommunikationsversuch endet mit einer abschlägigen Antwort. Egal, um welchen Bereich es geht, du erreichst nie deine Ziele … Diese katastrophale Erfahrung ist nicht glorreich, aber ich versichere dir, dass eine Veränderung möglich ist, sobald du dir klar gemacht hast, **dass du dein einziger Saboteur bist.** Selbstsabotage bedeutet, sich selbst Steine in den Weg zu legen. Für den Fall, dass deine Umgebung das noch nicht ausreichend erledigt. Du wirst dein schlimmster Feind, ob in deinen Gewohnheiten, deinen Einstellungen, Worten oder Taten. Du verhinderst, dass es dir besser geht.«

Beispiele für Selbstsabotage

- **Du wünscht dir ein Familienleben mit Kindern, um glücklich zu sein,** *verkehrst jedoch mit verheirateten Frauen um die 50.*

- **Du hast genug von Liebeskummer,** *aber du bringst dich immer wieder in dieselben Situationen in Liebesdingen, unter denen du dann leidest.*

- **Du hast für eine Arbeit einen bestimmten Abgabetermin, aber du wartest bis zum letzten Moment, um damit zu beginnen!**
Es ist klar, dass die Arbeit nicht pünktlich fertig sein wird.

- **Du willst abnehmen, aber du isst jeden Tag drei Brownies!**
Passt dein Wunsch abzunehmen, mit deinen Taten zusammen?

Der innere Saboteur entsteht durch unsere Ängste, voranzukommen und die Komfortzone zu verlassen. Unser Ego ist der Anstifter dieser äußerst mächtigen kleinen Stimme in uns, die uns sabotiert. Diese Stimme nährt sich von unseren Verletzungen, von Sätzen, die wir als Kind gehört haben, von Urteilen, Kritik, Zweifeln … Einige Menschen sind mit hohen Dosen kontaminiert!

Schluss mit der Selbstsabotage

Das ist durch Arbeit an sich selbst und an der eigenen Identität möglich. Aber was heißt es, an sich selbst zu arbeiten? Bedeutet es, mit Maurerkelle und Hammer ans Werk zu gehen? Nein, es geht darum, die Selbstachtung anzukurbeln, sich selbst zu vertrauen, an sich zu glauben und zu Gunsten des eigenen Wohlbefindens tätig zu werden. Ich verdiene etwas Besseres, ich schätze mich zu 100 %, egal, was ich tue. Und ich stelle mir hierzu eine strahlende Zukunft in meiner eigenen Gesellschaft vor.

Man verändert die anderen Menschen nicht, du selbst musst dich verändern, deine Gedanken verändern, deine Aktionen, deine Taten, deine Worte. Die Veränderung muss physisch, mental und emotional erfolgen, damit du glücklicher sein und dich weiterentwickeln kannst.

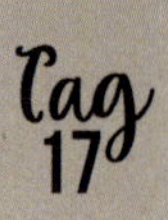

Bist du bereit? Dann los !!!

1. Ich beginne ein Projekt, ohne mich selbst zu sabotieren

➡ Was ist mein Projekt?

....

....

....

➡ Wie kann ich ihm alle Erfolgschancen geben?

....

....

....

➡ Formuliere dein Projekt neu, beginne den Satz dabei mit:

Ich will mit meinem Projekt .... Erfolg haben. Egal was passiert, ich lasse nicht locker!

➡ Jeden Morgen wiederhole ich diese beiden Sätze und schreibe jeden Tag eine Aktion auf, um das Projekt gelingen zu lassen.

Die heutige Aktion ist ....

➡ Jedes Mal, wenn ich in meinem Kopf eine Stimme höre, die sagt, dass ich es nicht schaffen werde, visualisiere ich mich, wie ich dabei bin, beizudrehen auf den Kurs »alles ist möglich«, während ich diese Fragen beantworte.

➡ Und was würde ich tun, wenn alles möglich wäre? ....

....

....

➡ Was will ich wirklich?

➡ Gehe ich in die richtige Richtung?

➡ Was würde die kompetenteste Person auf diesem Gebiet tun?

Nicht vergessen: Drei Anti-Sabotage-Aktionen

➡ 1. Ich bringe meine negativen Gedanken zum Schweigen.

➡ 2. Ich verwandle meine sabotierenden Gedanken in positive Bestätigungen.
Beispiele:
- *Du schaffst das nicht, wird: Gewiss bin ich dazu in der Lage.*
- *Du wirst nie abnehmen, wird: Natürlich werde ich schlank, ich habe bereits damit begonnen.*
- *Du bist zu nichts zu gebrauchen, wird: Ich bin schlichtweg für alles gut zu gebrauchen.*

➡ 3. Ich zähle nur auf mich. Erwarte nichts von jemand anderem, du gibst in deinem Leben die Richtung an.

N.B.: Ich bin mit meinem Saboteur (mir selbst) in einer Paarbeziehung. Eine Trennung im Guten vorzubereiten, ist eine dringliche Angelegenheit.

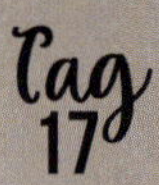

Meine Geschichte dazu

»Vor ein paar Jahren wollte ein Freund von mir eine Prüfung im Forstbereich absolvieren. Dieser Job war für ihn und seine Familie sehr wichtig, da er es ihm erlaubt hätte, Projekte durchzuführen und seinen Lebensstandard zu verbessern. In den Wochen vor der Prüfung litt er unter Schwindel, was sein Selbstvertrauen erschütterte, denn er musste einen Baum in einer Höhe zwischen 20 und 30 m ausästen. Durch die Angst vor einem Scheitern gestresst, reagierte er sofort negativ, indem er sich sagte, das sei zu hoch, zu schwer, er sah sich bereits scheitern. Seine übellaunige Einstellung, sein alles andere als sonniges Verhalten, seine dunklen Gedanken und sein Schweigen waren seine Form der Selbstsabotage. Was hätte er tun können? Er hätte es vermeiden können, seinen Baum mit denen der anderen Prüflinge zu vergleichen, hätte an seine Fähigkeiten glauben können, denn er ist ein sehr guter Förster und er hätte sich auf die Vorteile des Ausästens für den Baum konzentrieren können, anstatt an seine Konkurrenten zu denken. Er fiel in dieser Prüfung durch. Nach dieser Erfahrung beschloss er, anders zu funktionieren. Wir haben daran gearbeitet, seine Sicht der Ereignisse zu verbessern, Druck wegzunehmen und wir haben nach den kleinen Sätzen der Selbstsabotage gesucht, die er sich ständig wiederholte, um ihnen entgegenzuwirken. Und die gute Nachricht lautet: Heute ist mein Freund Oberförster.«

3 ANTWORTMÖGLICHKEITEN STEHEN ZUR WAHL:

a) Ich beschließe, mich angesichts von Schwierigkeiten anders zu verhalten

b) Ich glaube nicht mehr an meine negativen Gedanken

c) Ich käue meine Misserfolge immer wieder, um sie bis in alle Ewigkeit zu wiederholen

Antworten a und b: Du hast alles kapiert.

Antwort c: Nimm dir die Zeit, das Motto des Tages noch einmal zu lesen.

Ich nehme einen Stift zur Hand

und äußere mich

»Wir sind eine Generation der Tablets, Mobiltelefone und Computer, bei der das Digitale in und das Schreiben auf Papier out ist. Wer nicht gerade Stifte sammelt, schreibt immer weniger, dabei hat das Schreiben mit der Hand einen unglaublichen Einfluss auf unser Gehirn. Sobald du schreibst, bist du viel wachsamer, du machst in deiner Umgebung Dinge aus, die du brauchst, deine Handlungen und Fähigkeiten erreichen die höchste Stufe, du bist viel engagierter, kurz, du gibst alles zu 200 % und wirst ein **Sensor für Lösungen.**
Der Vorteil des Niederschreibens unserer Empfindungen ist, dass wir Abstand gewinnen. Man liest das Geschriebene durch, wird sich der Dinge bewusst und kann einen Schritt zurücktreten. Niemand urteilt über uns, **wir sind ganz für uns.** Die Dinge sind klar, aufrichtig und authentisch. Das Schreiben eines Tagebuchs kann sich als befreiend erweisen. «

Ein Stift in der Hand = ein cleveres Gehirn

Es ist unerlässlich, dich schriftlich auszudrücken, denn dadurch mobilisierst du dein Gehirn sehr viel stärker. Verschiedene Sinne werden eingebunden: das Sehen, das Hören, wenn du dir das Geschriebene laut vorliest, sogar der Gefühlssinn durch den Stift in der Hand und der Geruchssinn durch den Geruch des Papiers. Du stellst ein Siegerteam auf, das dir in den verschiedenen Lebensbereichen hilft. Schreiben soll nicht heißen, dass du dich nicht mehr mündlich äußerst: Dinge auszusprechen ist eine ebenso wichtige Etappe wie die schriftliche Ausdrucksform.

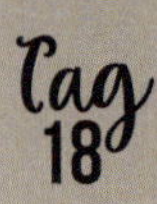

Meine Geschichte dazu

»Ich habe diese Übung während meiner Coach-Ausbildung gemacht. Ich habe einen Brief an mich selbst im Alter von 80 Jahren geschrieben und darin meinen Lebensweg erzählt. Durch diesen Brief konnte ich mich visualisieren, konnte es wagen, gewisse Dinge zu schreiben, konnte die Wahrheit, die ich in meiner Vorstellung über mich hatte und die ich mir mit 80 Jahren erzählte, bestätigen. In diesem Brief habe ich mich meinen Ängsten gestellt, mich aufgewertet und alles gewagt. Dieser Brief hat mir Vertrauen gegeben: ich hatte den Eindruck, tatsächlich das erlebt zu haben, was ich schrieb.«

Bist du bereit? Dann los!!!

1. Ein Notizbuch führen

Erzähle dir etwas, führe ein Tagebuch, äußere dich, ob du nun etwas mitzuteilen, Probleme zu lösen, Pläne zu schmieden, Übungen zu machen oder eine Erklärung zu verfassen hast… Mache die Dinge anschaulich. Was im Kopf nur ein Entwurf ist, nimmt auf einem Blatt Papier klare Formen an!

2. Stilübung

➡ Schreibe dir einen **Brief** in der positivsten Form. Lasse deine Fantasie walten. Wer willst du sein: Sänger, Solotänzer, Abenteurer, Unternehmensleiterin, Kunstmaler, Chefassistent, Unternehmerin, Coach, Schlangenbeschwörer, Fernsehmoderatorin, Schauspieler, Sportlerin, Hundefriseur …?

Alles ist möglich. Erzähle über deine Erfolge, beschreibe dich, deine Empfindungen, mache Angaben zu deiner Gesundheit, berichte über den Sinn deines Lebens, was du tust, alles, was dir gerade an Positivem durch den Kopf geht! Visualisiere dich in einem idealen Umfeld. **Alles ist erlaubt!**

➡ Schicke dir diesen Brief, um ihn in 3 Jahren zu öffnen. Sobald der Brief fertig ist (es ist nicht schlimm, wenn du dafür eine Woche gebraucht hast), steckst du ihn in ein Kuvert und schickst ihn dir. An dem Tag, an dem du ihn durch die Post zugestellt bekommst, öffnest du ihn nicht, sondern verwahrst ihn wie etwas Wertvolles. Öffnen wirst du ihn erst **in 3 Jahren,** wenn du Lust dazu hast.

Deine Herausforderung: Schere aus dem Katastrophenschema aus, in dem du dich seit langem eingerichtet hast.

3 ANTWORTMÖGLICHKEITEN STEHEN ZUR WAHL:

a) Ich schreibe meine schwierigen Phasen in ein Tagebuch

b) Ich mache eine Therapie

c) Ich hasse mich weiter, um meinen Schmerz zu verdauen

Antworten a und b: Du hast alles kapiert.

Antwort c: Nimm dir die Zeit, das Motto des Tages noch einmal zu lesen.

Für heute hast du genug geschrieben,

gehe an die frische Luft!

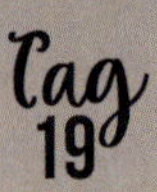

Mit den EX leben

» Eine oder ein EX im Leben ist das Beste, was uns passieren kann, vorausgesetzt sie oder er ist wohlwollend, nett, kümmert sich um uns, fördert uns, erlaubt es uns, uns zu hinterfragen, hilft uns, voranzukommen. Ich persönlich schare einige EX um mich, denn ein einziger genügt mir nicht!
Aber ja, wirklich, man sollte sich mehrere EX warm halten!
Moment, ich glaube, da ist etwas nicht klar geworden: Wenn ich von EX spreche, meine ich nicht die EX-Freundin/den EX-Freund, EX-Kollegen, EX-Freundinnen … **EX** sind die beiden Buchstaben, die ich einigen Begriffen gerne vorangestellt sehe, ebenso wie AUS und ähnliches. Im Wörterbuch habe ich hunderte davon gezählt und einige ausgewählt, die ich als „das Quäntchen **Anschub**" verwende, um in mir die unbezähmbare Lust zu schaffen, im Leben voranzukommen. «

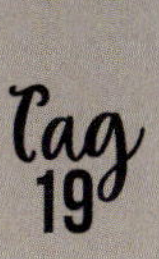

Das wichtige Buch meiner verschiedenen EX, AUS & Co:

AUSführung: Den Kopf voller Träume haben, etwas wollen, den Lauf des Lebens verändern, eine neue Aktivität beginnen, sich selbst übertreffen, gelassener, glücklicher sein …

➡ *Um die eigenen Projekte zu realisieren, führt kein Weg daran vorbei, aktiv zu werden: Jeder Plan muss auch ausgeführt werden!*

AUSruf: Es gibt Kriegsgeschrei, ich hingegen ziehe Freudenschreie vor!

➡ *Mein Freudenschrei lautet YESSS!*

AUSsergewöhnliche Leistung: Man strebt nicht die Teilnahme an den Olympischen Spielen an, nur kleinere oder größere Meisterleistungen, ob im Alltag, in der Familie oder mit Freunden.

➡ *Meine letzte Heldentat bestand darin, mit der Familie auf einem Abenteuerparcours im Wald eine Seilrutsche zu benützen.*

AUSübung: Etwas ausüben ist zugleich Übung und Wiederholung, um etwas Neues einzuführen (wie beispielsweise neue positive Morgenrituale) und körperliche Bewegung.

EKstase: Wodurch gerätst du in Ekstase? Durch eine Blume, eine Landschaft, einen schönen Tag, Regen, ein Tier, ein Geräusch?

➡ *Ich liebe Giraffen und könnte sie stundenlang beobachten. Im Alltag sind sie nicht so leicht zu finden, daher begeistere ich mich für eine Japanische Zierkirsche vor meinem Fenster, die zur Blütezeit ein wunderschöner Anblick ist.*

ERfahrung: Erfahrung kommt mit der Zeit, mit Übung und durch Beobachtung. Erfahrung ist ein Geschenk des Lebens. Selbst wenn du sie heute nicht brauchst, kann sie dir zu einem späteren Zeitpunkt zweifellos nützlich sein!

➡ *Als ich 17 Jahre alt war meldeten mich meine Eltern zu einem Kurs für Stenotypistinnen an. Aber ich wollte Krankenschwester werden! Inzwischen kann ich blind auf der Tastatur tippen.*

ERfüllen: Ich tue alles dafür, meine Wünsche zu erfüllen! Frage dich: welchen Wunsch möchtest du erfüllt sehen?

➡ *Es vergeht kein Tag, an dem ich nicht etwas wünsche, für andere, für mich, egal! Je mehr Verlangen ich habe, desto mehr stehe ich mitten im Leben.*

ERklärung: Warum leiden und grübeln, wenn man um eine Erklärung bitten kann? Hast du das Gefühl, gemieden zu werden? Belogen zu werden? Im Stich gelassen zu werden? Es ist normal, das verstehen zu wollen: bitte um eine Erklärung.

➡ *Eine Freundin wollte mich letzte Woche anrufen und da ich keinen Anruf erhielt, erlaubte ich mir, sie anzurufen, um nachzufragen, anstatt mir das Schlimmste auszumalen. Sie war tatsächlich beruflich verreist und hatte keine Minute Zeit gehabt.*

EXaltiertheit: Der reine Überschwang! Wann warst du zuletzt so richtig überschwänglich?

➡ *Bei mir war es bei der Nachricht, dass meine Freundin Amandine nach Marseille umzog. Ich freute mich so sehr für sie!*

EXemplarisch: Es ist sehr viel einfacher, unseren Kindern als Vorbild zu dienen, als ihnen eine Einstellung, eine Vorgehensweise, eine Lebensart aufzudrängen. Wie kann man anderen sagen, was sie tun oder wie sie sein sollen, wenn man selbst ihnen dies nicht vorlebt? Gehe mit gutem Beispiel voran.

➡ *Jemanden sagen hören »ich mag diese Leute« und sie dann kritisieren, wenn sie gegangen sind! Entscheide dich für mehr Übereinstimmung zwischen deinen Gedanken, Worten und Taten.*

EXistieren: Also lebendig sein! Bist du sicher, diese starke Empfindung zu spüren, wirklich lebendig zu sein? Manchmal verhalten wir uns wie wandelnde Tote, in uns schwingt nichts mehr und wir lassen uns von den Problemen überwältigen.

EXzentrisch: Deine Originalität unterscheidet dich von anderen. Ohne um jeden Preis eine verrückte Exzentrik anzustreben, sind es diese vielen kleinen Dinge, die dir Freude am Leben schenken.

➡ *Ich liebe bunte Schuhe, sie sind mein kleines Markenzeichen.*

EXpansion: Ich habe Großes vor! Ich mag die Vorstellung, bei einem Projekt, egal in welchem Bereich, zu sehen, wie es wächst.

EXperte: Person, die sich auf Grund ihrer Praxis auf einem Gebiet sehr gut auskennt. Ich bin Expertin, ich kenne mich sehr gut, meine guten Seiten ebenso wie meine dunkleren. Das ist eine Stärke, die dabei hilft, voranzukommen und sich in seiner Haut wohlzufühlen.

➡ *Auf welchem Gebiet bist du Experte/Expertin? Wenn du dich als Experte/Expertin in Depression, Stress oder Schüchternheit bezeichnest, bediene dich deiner Erfahrung, um sie zu teilen und anderen zu helfen!*

EXtraordinär: Tagtäglich machst du außergewöhnliche Dinge. Dazu musst du keine Berge versetzen, es genügt, eine ungewöhnliche Kleinigkeit zu vollbringen, die dir gut tut. Immer wenn ich dieses Wort verwende, erscheint mir alles grandios, sogar die kleinste Sache.

➡ *Heute Morgen habe ich mir ein Smoothie selbst zubereitet, es war extraordinär!*

Ich habe viele EX, AUS & Co:

EXakt: Ich mag es, genau zu formulieren.
EXzitativ: Mitreißendes, was uns lebendig hält.
EXaminieren: Beobachten lernen.
AUSserordentlich: Du bist einmalig, vergiss das nicht!
EXcuse me: Es ist deine Sache, Entschuldigungen zu gewähren oder zu verlangen.
ERmahnung: Aufmunterungen sind entscheidend, um voranzukommen.
AUSatmen: Atme kräftig durch!
EXplorieren: Brich auf zu neuen Ufern.
AUSdrücken: Du hast etwas zu sagen!
AUSserhalb: Sprenge auch einmal den Rahmen!
EXtrem: Überschreite deine Grenzen.

Du bist dran!

➡ Was sind deine EX, die dich motivieren, von denen du dich im Leben leiten lässt und die dir Kraft geben, um weiterzukommen?

....

....

....

....

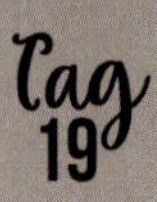

➡ Welche EX aus der Liste sagen dir zu?

➡ Welche EX könntest du in dein Leben aufnehmen?

3 ANTWORTMÖGLICHKEITEN STEHEN ZUR WAHL:

a) Ich fühle mich AUSsergewöhnlich

b) Ich bin ein EXzentrischer EKStatischer EXperte

c) Ich bin ERschöpft

Antworten a und b: Du hast alles kapiert.

Antwort c: Nimm dir die Zeit, das Motto des Tages noch einmal zu lesen.

Ich sage STOPP zur Selbstbeschimpfung

»Ich bin eine Niete, ich bin zu dick, ich bin unfähig, für nichts zu gebrauchen … Und so weiter! Hole ein Spruchband heraus, um es laut und deutlich zu verkünden, soweit dir das bekannt vorkommt! Wer hat sich noch nie auf diese Weise heruntergemacht? Wer hat sich noch nie solche oder ähnliche Worte gesagt, die so entwürdigend sind, dass man sie von anderen niemals akzeptieren würde? Du musst mit dieser **Selbstzerfleischung aufhören.** Wie willst du respektiert werden, wenn du dich selbst in dieser Weise beleidigst? Dafür gibt es keine Entschuldigung, da gilt auch kein »damit es etwas zu lachen gibt«, es ist jetzt an der Zeit, damit aufzuhören.

➡ Wir haben bereits das Problem angesprochen, wie man sich am besten immer zu Gunsten des Wohlbefindens entscheidet.«

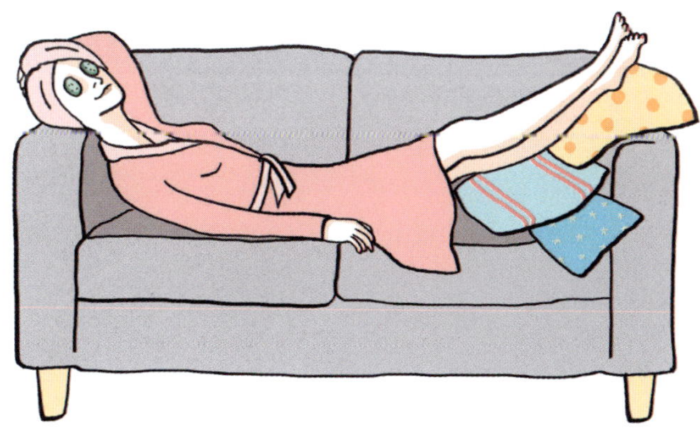

Macht euch hübsch zurecht, liebe Freunde, wir wollen unser Inneres harmonisch gestalten!

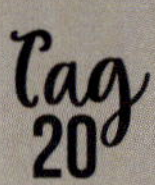

Kleines wissenschaftliches Experiment

Kennst du Masaru Emoto? Dieser 1943 geborene Japaner hat Versuche über den Einfluss unserer Gedanken und unserer Worte auf die Energie durchgeführt, die man gegenüber anderen und sich selbst freisetzt. Er hat nachzuweisen versucht, wie unsere Gedanken die Wassermoleküle beeinflussen können. (Zur Erinnerung: Unser Körper besteht zu 60 % aus Wasser). Er hatte mehrere Flaschen mit Wasser vorbereitet. Die erste Gruppe Flaschen erhielt als Opfergabe klassische Musik, liebevolle Worte und Komplimente. Die zweite Gruppe erhielt Punk-Hardrock-Musik, abwertende Botschaften, Beleidigungen und boshafte Worte. In der ersten Gruppe bildete das Wasser harmonische Eiskristalle, in der zweiten Gruppe ungeordnete Eiskristalle.

Man mag über dieses Experiment denken wie man will, ich bin davon überzeugt, dass uns Abwertung krank macht, von innen heraus verkommen lässt, während Aufwertung, Komplimente und gegenseitige Liebe uns schöner machen, Energie geben und vertrauensvoller werden lassen.

Meine Geschichte dazu

»Seit drei Jahren (das ist noch ziemlich neu) beschimpfe ich mich nicht mehr selbst. Daher bin ich schockiert, wenn ich mitbekomme, dass sich jemand selbst beleidigt. Überraschend finde ich, dass man das Verb SEIN verwendet, um sich zu beschimpfen, als würde sich unsere Identität auf die Tatsache beschränken, dick, dumm etc. zu sein.

Wenn ich mich vorstellen müsste, würde ich gerne sagen: *Ich bin Anna, ich bin großzügig, kann gut zuhören, bin empathisch und stehe meiner Familie nahe, ich bin Mutter von zwei Kindern, eine treue Freundin …* Das ist viel positiver als sich in Abwertungen zu ergehen!«

Bist du bereit? Dann los!!!

Wie kann man sich selbst positiv sehen?

1. Das eigene Porträt erstellen

➡ Notiere 10 POSITIVE Worte, die dich beschreiben:

1. ....
2. ....
3. ....
4. ....
5. ....
6. ....
7. ....
8. ....
9. ....
10. ....

Fällt es dir schwer, die Worte zu finden? Markiere in der folgenden Liste die Worte, die zu dir passen: toll, außergewöhnlich, fabelhaft, witzig, heiter, lustig, sanft, freundlich, nett, treu, schön, künstlerisch, sympathisch, selbstständig, aufmerksam, hilfsbereit, zugänglich, guter Zuhörer, mutig, Mutter, Vater, Bruder, Schwester, großzügig ...

➡ Inwiefern ist es wichtig zu wissen, wer man ist?

....

....

....

➡ Wer würdest du gerne sein?

....

....

....

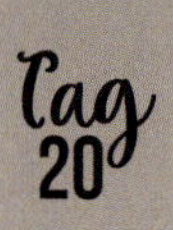

➡ Welche Möglichkeiten verschaffst du dir, um diese Person zu werden?

....

....

....

....

2. Sich etwas Gutes tun

➡ Suche dir einen schönen Glasbehälter aus, stelle ihn an einen gut sichtbaren Platz, auf den Kühlschrank oder auf den Schreibtisch und lege einen Notizblock und einen Stift hinein.

➡ Schreibe jeden Tag etwas Nettes über dich auf, beginnend mit »ich bin«. **Beispiele:** *Ich bin freundlich, großartig, menschlich, sanft, nett.*

Du bist an der Reihe, deine Nettigkeiten aufzuschreiben:

....

....

....

....

....

....

....

....

Bonus

Stecke bei jeder Selbstbeschimpfung 1 Euro in eine Sparbüchse. Zähle am Ende eines Monats nach, wie viel zusammengekommen ist. Ich traue mich zu wetten, dass du dir davon ein hübsches Geschenk kaufen kannst. Wenn sich der Reflex der positiven Selbst-Umformulierung gefestigt hat, werden dich Selbstbeschimpfungen bei anderen Menschen schockieren und du wirst sie fragen: Aber warum beschimpfst du dich denn?

Du bist großartig, bravo, dass du es bis hierher geschafft hast!

3. Schluss mit der Selbstbeschimpfung

Würdest du mit jemandem zusammenleben können, der dich tagtäglich rund um die Uhr beschimpft? Wenn du mit nein antwortest, solltest du wissen, dass du genau das wahrscheinlich täglich machst. Jedes Mal wenn du dich von nun an beschimpfst oder dich mit ungerechten Worten bedenkst, **änderst du sofort deine Taktik,** indem du STOPP sagst und deine häufigsten Beschimpfungen in freundliche Worte umwandelst! **Selbstbeschimpfung ist inakzeptabel.*** Höre also auf, dir solche Geschosse zu schicken.

Beispiele:

– *Ich bin zu blöd* wird: *Daran habe ich nicht gedacht.*

– *Ich bin eine Niete* wird: *Nein, ich bin intelligent, ich habe das nur nicht gesehen.*

– *Ich bin dick* wird: *Nein, ich habe einige schützende Kilos, das definiert aber nicht die großartige Person, die ich bin.*

– *Ich bin zu nichts zu gebrauchen* wird: *Nein, ich werde das anders machen, um ans Ziel zu kommen.*

* *Amandine Capdeville, coach.*

➡ Du bist dran:

....

NEIN! Sage vielmehr: ....

....

NEIN! Sage vielmehr: ....

....

NEIN! Sage vielmehr: ....

3 ANTWORTMÖGLICHKEITEN STEHEN ZUR WAHL:

a) Schluss mit Selbstbeschimpfungen

b) Ich schreibe die erste Nettigkeit über mich auf und lege sie in mein Glasgefäß

c) Ich investiere in eine Peitsche (ich bin Masochist!)

Antworten a und b: Du hast alles kapiert.

Antwort c: Nimm dir die Zeit, das Motto des Tages noch einmal zu lesen.

Tag 21

Opfer, Retter oder Verfolger?

»Was wir früher erlebt haben, führt dazu, dass wir wechselweise Opfer, Retter oder Verfolger sind. Um daraus auszubrechen, ist es unerlässlich, sich dies bewusst zu machen und die Verantwortung dafür zu übernehmen.

Rolle Nr. 1: Das Opfer

Das Opfer ist das hässliche kleine Entlein, machtlos, zerbrechlich, ängstlich, es ist der Buhmann, die unglücklichste Person auf Erden, die sich im Freundeskreis oder im Beruf ständig ausgeschlossen fühlt. Immer scheitert alles wegen ihr, diese Person wird eher verlassen als jemanden von sich aus zu verlassen, sie häuft Fehler geradezu an. Ohne sich darüber klar zu sein, positioniert sie sich als Opfer. Da kann ihr Umfeld noch so sehr versuchen, sie zu unterstützen und ihr die Hand zu reichen, nichts zu machen. Vielleicht gefällt sich die Person in dieser Rolle? Warum also sollte sie sich ändern?

Rolle Nr. 2: Der Retter

Der Retter ist immer da, stets bereit, seine rettenden Ansichten zu äußern: er ist der Beschützer der Schwachen. Er kann alles, versteht es zu reden, weiß, wie man Probleme löst. Er ist der Fels in der Brandung. Ohne ihn ist alles verloren. Er ist großzügig, einsatzbereit. Es ist der Robin Hood vom Dienst und seine Mission besteht

darin, die ganze Welt zu retten. Er kämpft an vorderster Front, nichts kann ihn aufhalten. Dadurch, dass er alles gibt, verliert er jedoch an Energie. Nicht immer wird ihm Anerkennung zuteil, aber egal, er glaubt an seine Pflicht, die Situation retten zu müssen.
Er ist gegenüber dem Opfer überbehütend und schafft Abhängigkeit.

Rolle Nr. 3: Der Verfolger

Wenn der Verfolger eine Situation nicht erträgt, beklagt er sich nicht (wie das Opfer), hilft nicht (wie der Retter), sondern haut mit der Faust auf den Tisch, um STOPP zu sagen. Er ist »der Bösewicht«, erteilt seine Lektionen herzlos, unnachsichtig, schroff. Häufig macht er uns Angst: Er brüllt, kritisiert, wertet ab. «

Wissenschaftlich kurz beleuchtet

Der amerikanische Psychologe Stephen Karpman hat dieses negative Dreieck (das so genannte Dramadreieck) beschrieben, das wir in unseren Beziehungen zu anderen unbewusst einsetzen. Es ist wichtig, aus diesem höllischen Dreieck auszubrechen, um die Freiheit wiederzufinden und nicht in Situationen zu verharren, die für Leid sorgen.

WELCHE ART AKTEUR BIST DU IN EINER BEZIEHUNG?

- [ ] Superman
- [ ] Joker
- [ ] Schneewittchen

WELCHE ROLLE SPIELST DU IN EINER EMOTIONALEN BEZIEHUNG?

- [ ] Retter
- [ ] Verfolger
- [ ] Opfer

Bist du bereit? Dann los!!!

Wie wird man diese Etiketten wieder los?

1. Du bist das Opfer

Ein Verfolger bricht einen Streit vom Zaun, beschuldigt dich für seinen Fehler, gibt dir Unrecht, kritisiert dich.

Egal, was der Verfolger macht: reagiere nicht darauf. Wenn er dich mitten ins Herz trifft, tue ihm nicht den Gefallen, zu zeigen, dass du es bemerkt hast. Es ist eine List, um dich zu schwächen und zu zerstören. Sage dir:

– Es ist sein Problem, wenn er mich, dumm, langsam, unproduktiv … findet.

– Seine Kritik perlt an mir ab.

– Er wirft mir das an den Kopf, worunter er eigentlich selbst leidet.

➡ Notiere hier, wie sich der Verfolger verhält:

....

....

....

➡ Was sagt er? Was tut er?

....

....

➡ Inwiefern hast du auf das reagiert, was er gesagt hat?

....

....

➡ Wenn du nicht reagiert hast, warum nicht?

....

....

Wie ich aus meiner Opferrolle herauskomme:

- Ich beschuldige den anderen nicht.
- Ich mache mir meine Verantwortung bewusst.
- Ich akzeptiere nicht alles.
- Ich spreche die Dinge aus.
- Ich werde mir meiner Rolle bewusst.
- Ich ändere mein Verhalten.

➡ Inwiefern bin ich verantwortlich?..

....

➡ Wie kann ich das, was mir geschieht, annehmen? ....

....

➡ Wie kann ich meine Situation positiv umdeuten?...

....

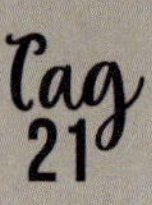

2. Du bist der Retter

Das Opfer kann dich zu einer Reaktion bringen, indem es sich über einen imaginären Schmerz beklagt oder einen bestehenden Schmerz aufbauscht: Es versucht, den Retter in dir zu wecken. Und schon beginnt zwischen euch ein Ping-Pong-Match.

Nach deiner Meinung als Retter:

➡ Was braucht das Opfer?

....

....

➡ Will es deine Hilfe wirklich?

....

....

....

➡ Nützt ihm deine Hilfe?

....

....

➡ Hast du sein Problem endgültig behoben?

....

....

➡ Verbiete es dir, dem Opfer die fertige Lösung zu präsentieren! Wie soll es dann jemals seine eigenen Lösungen finden?

....

....

➡ Was werde ich ihm das nächste Mal sagen, wenn es wieder in dieser Situation ist?

......

➡ Wie schaffe ich es, das Spielchen nicht wieder mitzumachen?

......

➡ Was suche ich, wenn ich ihm helfe?

......

So verhindert man weitere Schäden und macht sich bewusst, dass man auch anders funktionieren kann.

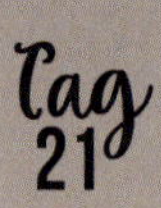

Meine Geschichte dazu

»Als meine Tochter geboren wurde, habe ich in diesem höllischen Dreieck aus Opfer/Retter/Verfolger funktioniert. Sie war das Opfer: Sie war nie müde und veranstaltete das unmöglichste Theater, um nicht zu schlafen und auf den Arm genommen zu werden. Ich war die Retterin, die sich weigerte, sie weinen zu hören und mein Mann war der Verfolger, der lauter wurde und wollte, dass sie schläft, damit wir etwas Zeit für uns bekamen. Die Kinderkrippe hat die Situation geklärt. Ich brauchte Rat und musste Emma beibringen, ihren Rhythmus zu finden, ohne allen ihren Kapriolen nachzugeben. Ich sagte Emma, dass ich sie nicht auf den Arm nehmen würde, dass ich müde sei und sie schlafen müsse, damit wir wieder einen schönen Tag zusammen verbringen könnten. Es war magisch. Emma verstand es. Vier Monate nach der Entbindung konnte ich endlich wieder eine Nacht durchschlafen.«

Wie ich aus meiner Rolle als Retter wieder herauskomme:

– Ich muss mich nicht für andere opfern.

– Ich muss die anderen weder retten noch verändern, es ist nicht unbedingt meine Lebensaufgabe, überall zu helfen.

– Ich höre auf zu glauben, dass jeder Hilfe braucht.

– Ich bin weder der Vater noch die Mutter der anderen: ich nehme wieder die Position eines Erwachsenen unter Erwachsenen ein.

– Ich kann dafür geliebt werden, wer ich bin, nicht für die Hilfe, die ich leiste.

3. Du bist der Verfolger

Wenn du ein Verfolger bist, wird der Retter versuchen, dich zu ändern und gelegentlich wird er zu deinem Verbündeten. Dieses ungesunde Spiel weist dir jedoch keine gute Rolle zu.

➡ Bist du dir bewusst, welchen Einfluss du auf ein Opfer hast?

....

....

➡ Was versuchst du zu unterdrücken, unter dem Deckmantel, Lektionen zu erteilen, zu kritisieren, autoritär zu sein? Wovor hast du Angst?

....

....

....

....

➡ Warst du in der Vergangenheit einmal in der Opferrolle?

....

....

....

➡ Wie komme ich aus meiner Rolle als Verfolger heraus?

....

....

....

....

....

3 ANTWORTMÖGLICHKEITEN STEHEN ZUR WAHL:

a) Ich werde mir meiner Rolle bewusst

b) Ich nehme die Rolle eines Erwachsenen unter Erwachsenen ein

c) Ich drucke mir ein Diplom als offizielles Opfer, als Weltenretter oder ewiger Verfolger aus

Antworten a und b: Du hast alles kapiert.
Antwort c: Nimm dir die Zeit, das Motto des Tages noch einmal zu lesen.

MEINE Bilanz DER 3 Woche

» Du bist gut vorangekommen, du bist noch da, ich habe dich unterwegs nicht verloren, das ist perfekt! Seit wir zusammenarbeiten, hast du Worte, Sätze, Texte geschrieben. Du hast jeden Tag eine gewisse Zeit dem Lesen in diesem Buch gewidmet.

Das ist eine feine Sache, denn du hast durch Wiederholung und Übung neue neuronale Verbindungen geschaffen. Schon bald wirst du die Medaille eines *performers* zuerkannt bekommen – was für ein Talent! Es braucht schon einen gewissen Willen, um all diese Übungen durchzuführen. Du bist **Spitze,** nutze dies, um anderen zu helfen, es ebenso zu machen. Sie werden dir für diese Hilfestellung danken. «

Allgemeine Bilanz

Was habe ich in dieser dritten Woche gelernt?

....

....

Welche Ziele habe ich mir gesteckt?

....

....

....

Auf welche Schwierigkeiten bin ich gestoßen?

....

....

....

Welche Lösungen habe ich gefunden, um die Übungen erfolgreich zu absolvieren?

....

....

Welche Vorteile habe ich daraus ziehen können?

....

....

Wie fühle ich mich?

....

....

Warum ist es wichtig für mich, am Ball zu bleiben?

....

....

Tag 15. ICH LEBE MIT MEINEN FRÜHEREN VERLETZUNGEN

1. Habe ich mich mit meiner früheren Verletzung angefreundet? ☐ Ja ☐ Nein

2. Welchen Namen habe ich ihr gegeben?

3. Ist meine »neue beste Freundin« aufdringlich? ☐ Ja ☐ Nein

4. Fühle ich mich etwas erleichtert, sie so nah bei mir zu wissen? ☐ Ja ☐ Nein

5. Wie erlebe ich diese neue Zusammenarbeit/ Freundschaft?

6. Was hat sich gegenüber vorher verändert?

Tag 16. ICH BERUHIGE MEIN EGO

1. Führe ich dieses »Familientreffen« mit allen meinen »Ichs« durch? ☐ Ja ☐ Nein

2. Was haben mich diese kleinen inneren Stimmen gelehrt?

3. Was habe ich beschlossen, als sie angefangen haben, zu argumentieren und ihre Meinung zu äußern?

4. Worauf bin ich besonders stolz?

Tag 17. SCHLUSS MIT DER SELBSTSABOTAGE!

1. Wann habe ich mich das letzte Mal selbst sabotiert?

2. Was habe ich gemacht, um die Selbstsabotage zu vermeiden?

3. Hat die Übung gewirkt? ☐ Ja ☐ Nein

4. Was ist mir bewusst geworden?

5. Warum ist das wichtig für mich?

Tag 18. ICH NEHME EINEN STIFT

1. Welche Ereignisse, Empfindungen und Strategien habe ich schriftlich festgehalten?

2. Inwiefern war das positiv?

3. Wie viel Zeit hat mich das gekostet?

4. Was war der beste Zeitpunkt zum Schreiben?

5. Was hat mir das tatsächlich gebracht?

Tag 19. MIT DEN EX LEBEN

1. Was waren meine größten Freuden in letzter Zeit/wofür habe ich mich besonders begeistert?

2. Was waren meine letzten Heldentaten?

3. Weiß ich, dass ich außergewöhnlich bin?
■ Ja ■ Nein

4. Welches sind die EX in meinem neuen Leben?

5. Wer sind die außergewöhnlichen Personen in meinem Leben?

6. Meiden wir ekelhafte Personen!
Wer sind sie?

Tag 20. ICH SAGE STOPP ZUR SELBSTBESCHIMPFUNG

1. Durch welche anderen Worte habe ich Selbstbeschimpfungen ersetzt?

2. Ist mir bewusst geworden, wie oft ich mich beschimpfe? ■ Ja ■ Nein

3. Habe ich Fortschritte gemacht? ■ Ja ■ Nein

4. Falls ja, super! Falls nein, kannst du einen neuen Reflex einführen. Schreibe dir einen Merkzettel!

Tag 21. OPFER, RETTER ODER VERFOLGER?

1. In welcher Rolle habe ich mich lange befunden? ☐ Opfer ☐ Retter ☐ Verfolger

2. Welchen Vorteil hätte ich davon, die Rolle zu wechseln?

....

3. Woran habe ich beim Lesen dieses Kapitels angeknüpft?

....

4. Was habe ich getan, um eine Veränderung herbeizuführen?

....

....

....

5. Wie fühle ich mich?

....

6. Wie hat meine Umgebung reagiert?

....

Es ist mir ein Bedürfnis, dich zu beglückwünschen:

Seit 3 Wochen verlässt du deine Komfortzone und wagst eine Veränderung. Viele haben diese Hürde noch nicht genommen. Du hast einen wirklich großen Sprung getan mit diesen kleinen Schritten, die du seit Beginn dieses Abenteuers gegangen bist. Du kannst dir nicht einmal vorstellen, in welchem Tempo du dich weiterentwickelst.

JEDEN TAG WIRST DU DANK DEINER AUSDAUER UND BEHARRLICHKEIT STÄRKER UND WIDERSTANDSFÄHIGER.

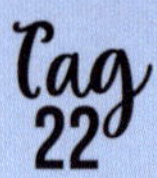

Ich lerne Neues

Ich rege mein Gehirn an!

» Man beklagt sich immer, nicht genug zu wissen. Aber was hindert uns daran, mehr zu lernen? Du kannst lesen, hören, recherchieren, dich informieren, weiterbilden, kannst lernen, beobachten … so viele verschiedene Möglichkeiten, dein Gehirn anzuregen. Sowas liebt es, also profitiere davon!
Wissen ist etwas, das sich unendlich teilt und vervielfältigt: Du lernst etwas, sagst es deiner Umgebung weiter, fügst eine persönliche Information zu, teilst die Information und peng, vervielfältigt sie sich unbegrenzt. «

WAS SIND DEINE SCHWÄCHEN?

- ☐ Rechtschreibung
- ☐ Öffentlich das Wort ergreifen
- ☐ Kochen
- ☐ Technik
- ☐ Manuelle Arbeiten
- ☐ Schminken
- ☐ Mathe
- ☐ Inneneinrichtung
- ☐ Sport
- ☐ Sonstige: ....

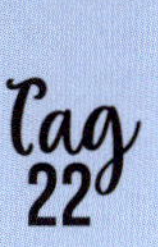

Es gibt immer Lösungen. Wer nicht gerne liest, kann zum Hörbuch greifen. Wenn man kein Experte in Sachen Rechtschreibung ist, gibt es Webseiten, die einem Fortschritte ermöglichen. Du kannst nicht gut kochen, dann gehe in eine Buchhandlung oder sieh dir Videos auf YouTube an, dort findest du dein Glück. Im digitalen Zeitalter sind alle Informationen auf allen Gebieten verfügbar und man muss dazu nicht einmal **aus dem Haus gehen!** Mit der nötigen Lust erreicht man alles, man muss nur akzeptieren, zuerst einmal ein Anfänger zu sein!

Lege deine Lernziele fest

➡ In welchem Bereich/welchen Bereichen würde ich gern mehr wissen?

....

....

....

➡ Was hindert mich am Lernen?

....

....

....

....

➡ Womit kann ich beginnen?

....

....

....

➡ Wo finde ich Informationen über das Thema, das ich liebe?

....

....

....

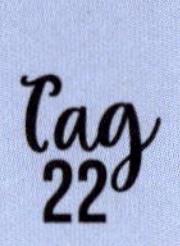

➡ Was für Bücher, Videos, Fortbildungen gibt es für Anfänger?

....

....

➡ Wenn ich es nicht weiß, wo kann ich mich informieren?

....

....

➡ Welche Personen in meinem Umfeld könnten mich anleiten und mir beim Lernen helfen?

....

....

....

➡ Welche Vorteile kann ich daraus ziehen, Neues zu lernen?

....

....

....

➡ Inwiefern ist es wichtig für mich, mich weiterzubilden und zu lernen?

....

....

....

....

....

....

Schon gewusst?

Je mehr dein Körper in Bewegung ist, desto besser kann er sich etwas merken. Beim Gehen zu lesen, flüsternd oder begleitet von Kopfbewegungen, aktiviert das Kleinhirn und du kannst dir viel mehr merken.

Meine Geschichte dazu

»Als ich 18 Jahre alt war, haben meine Eltern mich mit jungen Studenten auf eine organisierte Auslandsreise geschickt, mit ,Intelligenzbestien' im Alter zwischen 22 und 28 Jahren. Es war die Hölle … drei unvergessliche Tage in der Kategorie Albtraum. Es gab organisierte Diskussionen, Gesprächsgruppen, Mahlzeiten, bei denen diese jungen Leute die Welt neu erfanden und ich hörte zu und verstand nur Bahnhof. Es war schrecklich, sie verwendeten Worte, die ich noch nie im Leben gehört hatte. Der Gipfel war, wenn man mich nach meiner Meinung fragte: ich fühlte mich so miserabel, nicht auf der Höhe, hatte ein leeres Gehirn, einen Mangel an Bildung, das ich hätte heulen können. Diese auf mich gerichteten Blicke waren ebenso schmerzhaft wie hundert Messerstiche. Ich habe es meinen Eltern lange übel genommen, dass sie mich zu dieser Reise gezwungen hatten. Ich war absolut fehl am Platz und nach meiner Rückkehr war meine Selbstachtung auf einem Tiefpunkt. An diesem Tag habe ich mir geschworen, eine derartige Situation nie mehr zu erleben, komme was wolle. Ich, die sich für nichts interessierte, abgesehen von meinem unbedeutenden Leben als Jugendliche, Comics und TV-Serien, beschloss, mich zu ändern. Auf den Gebieten, die ich mochte, habe ich meine Kenntnisse verbessert, ich habe Informationen in meinem Umfeld aufgegriffen, habe viel gelesen, an meinen Stärken gearbeitet und meine Schwächen verbessert. Rückblickend kann ich sagen, dass ich ohne die Erfahrung dieser öffentlichen Demütigung niemals soviel gelernt hätte. Das Leben hat mir dieses Geschenk tatsächlich gemacht, damit ich mein Gehirn bewege.«

Wir haben unser gesamtes Leben, um zu lernen, uns weiterzuentwickeln und Selbstsicherheit zu gewinnen.

Wissenschaftlich kurz beleuchtet

Forscher auf dem Gebiet der Neurowissenschaft haben nachgewiesen, dass das Gehirn leistungsfähiger wird, je mehr Anregungen es erhält. Dazu ist es niemals zu spät. Was dabei neue Neuronen schafft, ist die Wiederholung. Nach zweiwöchigem Lernen vergessen wir 80 % des Erlernten wieder, wenn wir das Gelernte nicht praktisch anwenden (daher sollte man nicht zu viele Zumba-Stunden verpassen, sonst vergisst man die Choreographie …).
Dieser Leitfaden ermöglicht es dir, dich in 30 Tagen zu verändern, aber du wirst einige Monate mehr brauchen, um das neu Erworbene zu verstärken (das war die schlechte Nachricht des Tages). Außerdem begegnet man umso mehr neuen Personen, je mehr verschiedene Dinge man lernt.

Bist du bereit? Dann los!!!

Was ist zu tun?

1. Keine vorgefertigten Sätze mehr sagen

»Ich kann das nicht!«

➡ Alles lässt sich lernen, liebe Freunde! Auch ich kann etwas nicht, wenn man es mir nicht zeigt! Bitte mich, einen Fahrradreifen zu wechseln: innerhalb einer Sekunde gelte ich als inkomptent. Bring es mir bei, dann kann ich es.

»Ich bin eine Null in Informatik«

➡ Zwischen dem Programmieren einer Software und dem Eröffnen eines YouTube-Kanals gibt es immer Möglichkeiten, Fortschritte zu machen. Es sind Tutorials verfügbar, die einem aus der Klemme helfen.

»Ich kann nicht kochen«

➡ Fang mit einfachen Rezepten an, mit der richtigen Anleitung ist das kein Hexenwerk.

»Ich schaffe es nicht, öffentlich zu sprechen«

➡ Es gibt Lösungsstrategien, Hilfen, Tipps, Know-how und soziale Kompetenz (Coaches können dabei helfen!).

2. Täglich zwei zusätzliche Dinge lernen

Der Bereich oder die Form des Lernens spielen keine Rolle, das Lernen an sich ist die goldene Regel. Plane zwei sehr kleine Lernziele pro Tag ein, das sind 14 Neuigkeiten pro Woche, 728 pro Jahr … Ohne dabei die Lerninhalte zu zählen, die das Leben uns tagtäglich beibringt.

Ideen für Dinge, die man lernen kann: ein neues Wort, einen Buchtitel, die Zusammenfassung einer Autorenbiografie lesen, ein Tutorial, ein Video, einen Kultfilm anschauen, an einem Workshop teilnehmen, ein Buch lesen oder anhören, an einer Weiterbildung teilnehmen …

3. Die Angehörigen hinzuziehen

Bitte jeden Tag eine Person, dir im Bereich Allgemeinbildung das beizubringen, was sie am meisten überrascht, erstaunt und bereichert hat.

Schreibe diese neuen Informationen sorgfältig in ein Heft. Sei stolz auf deine Bemühungen, dein Gehirn anzuregen!

3 ANTWORTMÖGLICHKEITEN STEHEN ZUR WAHL:

a) Ich rege meine Neuronen an, indem ich immer wieder Neues entdecke

b) Ich informiere mich, lese, lerne jeden Tag

c) Ich stelle mir alle Staffeln von Reality-Shows zusammen

Antworten a und b: Du hast alles kapiert.

Antwort c: Nimm dir die Zeit, das Motto des Tages noch einmal zu lesen.

Meine Ernährung

um gut zu funktionieren!

»Die Art der Lebensmittel, die wir verzehren, beeinflusst unseren Stoffwechsel.
Wie kann man dafür sorgen, dass die Maschine besser funktioniert? Jeder von uns weiß es: zu fettes Essen, zu süßes Essen und/oder zu viel Alkohol sind nicht die besten Voraussetzungen. Heute möchte ich den Begriff »Neurotransmitter« ansprechen und eine kleine Bresche schlagen, um zu erklären, dass nicht alles unbedingt am mangelnden Willen liegt. Könnte dies nicht vielmehr in unserem Gehirn ablaufen, besonders im Bereich unserer Körperchemie, die es erlaubt, dass Botschaften von einem Neuron zum nächsten wandern und damit weitergegeben werden?«

Was ist ein Neurotransmitter?

Ein Molekül, das die Übertragung von Botschaften zwischen Neuronen erlaubt und in unseren Organen verschiedene Wirkungen nach sich zieht. Es gibt davon etwa 70, wir werden uns hier jedoch auf die bekanntesten konzentrieren.

Acetylcholin

Aufgabe: Eine Information zurückhalten, diese in einem Eckchen des Kopfes bewahren und zur gewünschten Zeit hervorholen

Verbündete: Eigelb, Fleisch, Leber, Getreide, Weizenkeime, Soja, Kohl, Rettich, Kresse, Rüben …

Meine Geschichte dazu

»Zwischen 3 und 23 Jahren habe ich irgendetwas gegessen, Süßes ebenso wie Fettes, ich hatte Übergewicht und war ständig erschöpft. Pommes-Würstchen-Limo haben tatsächlich nicht dagegen geholfen. Eines schönen Tages machte es bei mir klick und ich habe meine Ernährung umgestellt. Ich habe mit einer ausgewogenen Ernährung begonnen, wodurch ich 35 kg abgenommen und wieder Power bekommen habe. Erzählt habe ich die Geschichte in meinem Buch Le Journal d'une ex-grosse (Tagebuch einer Ex-Dicken). Ich hätte glauben können, meine Kräfte würden durch die Reduzierung der Kalorienzufuhr schwinden, ich war jedoch ganz im Gegenteil voller Energie und Dynamik. Ich habe gelernt, dass sich die Qualität und Mannigfaltigkeit meiner Ernährung deutlich auf meine körperliche und geistige Form auswirkten.«

Dopamin

Aufgaben: Sehr wichtig! Kontrolle der Motorik, Förderung der Motivation
Verbündete: Proteinreiche Lebensmittel wie Ente, Pute, Eier, bestimmte Frischkäsesorten

GABA

Aufgabe: Regulierung der inneren Unruhe/Angst
Verbündete: Komplexe Zucker wie Linsen, rote Bohnen, Vollkorn. Ölpflanzen wie Mandeln, Walnüsse. Obst und Gemüse wie Bananen und Brokkoli. Fisch wie Heilbutt

Noradrenalin

Aufgaben: Förderung der Aufmerksamkeit, der Emotionen, von Schlaf, Träumen, Sozialverhalten und Lernen
Verbündeter: Koffein

Serotonin

Aufgaben: Regulierung der Körpertemperatur, Hilfe beim Einschlafen, Wahrnehmen von Appetit, von Schmerz
Verbündete: Avocado, Käse, Hühnchen, Ente, Haferflocken, Wild

Adrenalin

Aufgabe: Handlungsdrang. Zuviel Adrenalin macht müde und löst Schlaflosigkeit aus. Schokolade (hmm!), Walnüsse, Grüngemüse und Hülsenfrüchte, die alle viel Magnesium enthalten, lassen den Adrenalinspiegel im Körper sinken

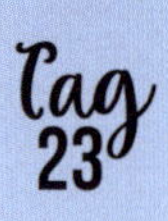

Ziehe Bilanz über deine Ernährung

➡ Nimmst du die oben erwähnten Lebensmittel zu dir, die Verbündeten der Neurotransmitter?

- Ja
- Nein
- Einige

➡ Falls ja, weiter so!

➡ Falls nein, welche solltest du zu dir nehmen?

....

....

....

....

....

Jetzt ist vielleicht der richtige Zeitpunkt für einen Zwischenimbiss, also hör' auf zu lesen!

3 ANTWORTMÖGLICHKEITEN STEHEN ZUR WAHL:

a) Ich sorge für eine ausgewogene Ernährung

b) Ich bevorzuge Lebensmittel, die mir mehr Vitalität und Energie verschaffen

c) Ich mache immer dasselbe und hoffe, dass sich etwas ändert

Antworten a und b: Du hast alles kapiert.
Antwort c: Nimm dir die Zeit, das Motto des Tages noch einmal zu lesen.

Ich habe Vertrauen

in meine Intuition

»Wie oft ist es dir bereits passiert, dass du eine schlechte Wahl getroffen hast, Opfer eines Schwindels oder eines Schönredners geworden bist, dich auf ein Projekt eingelassen hast, das sich als Schnapsidee erwiesen hat … und dir anschließend gesagt hast: Aber ich wusste es doch eigentlich, ich hätte das nicht tun dürfen, ich hätte dieser Person nicht vertrauen dürfen. Umgekehrt sagst du dir nach einer guten Entscheidung: Das habe ich gespürt, es war eine sichere Sache, ich musste hingehen, es war gut, es war die Frau oder der Mann meines Lebens, ich bin auf dem richtigen Weg …

Deine Intuition hat dich geleitet, diese **Stärke** solltest du so oft wie möglich pflegen. Sie ist dein **inneres GPS!** Die Intuition ist die Quelle von Lösungen, sie ist ein Geheimgang, zu dem nur du den Schlüssel besitzt, sie ist der Plan, der aus dem Labyrinth führt. Die Intuition fegt Zweifel hinweg und stärkt deine Überzeugung. Vertraue ihr, vertraue DIR!«

Wie?

Jedes Mal, wenn ich in meinem Leben wichtige Entscheidungen zu treffen hatte, habe ich auf meine Intuition gehört! Aber wie? Ich habe mir die Frage gestellt und dann auf die Antwort gehört, die mein Herz mir gegeben hat. Ich spüre, dass ich in die richtige Richtung gehe, ich schwinge von innen heraus, das Unwetter beruhigt sich und Gelassenheit macht sich breit. Die Male, bei denen ich mich getäuscht habe, habe ich Entscheidungen getroffen oder etwas getan, ohne mir wirklich sicher zu sein, um jemandem zu gefallen, weil ich mich gezwungen oder verpflichtet fühlte, weil ich nicht verurteilt oder kritisiert werden wollte, oder weil ich ins Schema passen sollte. Das hat nie lange gehalten und ich habe die Situation so schnell wie möglich bereinigt.

1. Intuition, eine körperliche Empfindung!

Vor einer Entscheidung höre ich auf meine Intuition, diese äußert sich körperlich durch ein Stechen, durch Wärme oder einen inneren Schmerz, der bis zum Hals steigt, gelegentlich durch Herzklopfen. Ich habe Schluckbeschwerden oder bin, ganz im Gegenteil, gelassen, ruhig, friedlich: Ich habe das Gefühl, dass mein Körper und mein Geist im Voraus wissen, was gut für mich ist.

Meine Geschichte dazu

»Als ich mit meiner Tochter schwanger war, klagte mein 5-jähriger Sohn nach einem etwas hektischen Samstag über Ohrenschmerzen. Da wir häufig mit Ohrentzündungen zu tun hatten, hatte ich Notfalltropfen immer parat, um die Schmerzen zu lindern. Nur war dieses Mal der Schmerz anders, er war im Halsbereich lokalisiert und mein Sohn konnte seinen Kopf dadurch nicht bewegen. Ohne lange zu überlegen ging ich mit ihm in die Notaufnahme, wo der diensthabende Arzt einen steifen Hals diagnostizierte. Wir gingen nach Hause, mein Sohn war sehr müde und hatte Fieber. Die Situation sagte mir nichts Gutes. Eine Stunde später gingen wir in ein anderes Krankenhaus. Ich spürte, dass er krank war und dass es etwas Schlimmeres war als ein steifer Hals. Die zweite Diagnose erfolgte rasch: Er hatte einen geschwollenen Lymphknoten und wurde sofort stationär aufgenommen. Ich hatte die Gefahr gespürt, mein Körper, mein Kopf, mein Geist, mein ganzes Wesen hatten mir gesagt, dass es etwas Schlimmeres war. Ich bin nicht so, dass ich wegen einer Lappalie losstürze, es muss viel geschehen, damit ich reagiere, ich verliere nie den Kopf, bin nicht notwendigerweise gestresst, aber wenn ich handeln muss, spüre ich das.«

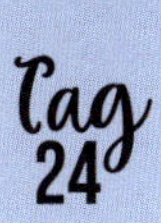

Wissenschaftlich kurz beleuchtet

Die Neurowissenschaften sind sich sicher: Wir haben alle eine mehr oder weniger weit entwickelte Intuition. Die Intuition ist keine Zauberei, sie ist für alle zugänglich, aber wir wissen nicht so genau, wie wir diese Form der Intelligenz nutzen sollen. Man kann es lernen, in sich hineinzuhören, es ist eine Frage der Übung, denn unser Ego stört häufig die Botschaft.

2. Bilanz ziehen

Schreibe drei Momente, Ereignisse oder Situationen auf, in denen du eine Wahl getroffen hast, die du heute bedauerst:

1. ....

2. ....

3. ....

➡ Was hättest du, mit dem heutigen Abstand betrachtet, stattdessen tun sollen?

1. ....

2. ....

3. ....

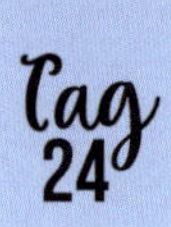

3. Und wie sieht es künftig aus?

➡ In welchem Lebensbereich steht bei dir bald eine Entscheidung an?

➡ Um was für eine Entscheidung geht es?

➡ Welche Alternativen hast du?

➡ Wenn du keinerlei Zwang ausgesetzt wärest, keine Angst und keine Verpflichtung hättest, kein Urteil zu befürchten hättest, wenn du frei und glücklich wärest und ohne Einschränkungen tun, sagen oder denken dürftest, was du willst, wie würde deine Entscheidung dann aussehen?

Etymologisch stammt Intuition vom lateinischen *in* (in) und *intueri* (betrachten) und bedeutet, aufmerksam in sich hineinzuschauen.

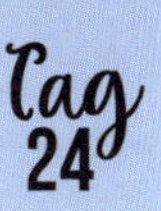

➡ Sobald du eine leise Stimme in deinem Kopf hörst, stelle dir die Frage:
Was sagt mein Herz?
Schließe die Augen und beantworte die Frage.

Ich stelle mich auf meine „Intuitions-" Frequenz ein

3 ANTWORTMÖGLICHKEITEN STEHEN ZUR WAHL:

a) Ich höre wirklich in mich hinein

b) Ich habe Vertrauen in mich

c) Ich fahre den Karren gegen die Wand, auch wenn das wehtut

Antworten a und b: Du hast alles kapiert.
Antwort c: Nimm dir die Zeit, das Motto des Tages noch einmal zu lesen.

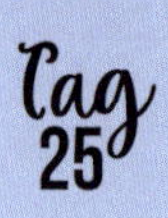

Ich lasse los!

Oder wie man das Relativieren lernt

»Nicht loslassen zu können bedeutet, sich an Probleme zu klammern und die Möglichkeit ständig hinauszuschieben, dass es sich bessern könnte. Wenn wir nicht loslassen, ersticken wir, wir leben in ständiger Unzufriedenheit und machen dennoch so weiter! Und wenn wir im Gegenteil den Kampf mit uns selbst beenden würden, wenn wir aufhören würden, uns unter Druck zu setzen, dann würden wir mit dieser bis zum Überdruss wiederholten Vergangenheit abschließen. Es ist nicht einfach, sein Köfferchen loszulassen, es wird mit den Jahren so schwer, dass es sich in einen dicken Überseekoffer verwandelt und bald erreicht es beinahe das Volumen eines Containers.«

Was bedeutet es, loszulassen?

Es bedeutet, Abstand zu gewinnen, um wieder zu einer guten Energie zu finden. Nicht loszulassen ist eine unbewusste Gewohnheit: Die ganze Arbeit besteht eigentlich nur darin, sich dessen bewusst zu werden, um sich davon frei zu machen.

Meine Geschichte dazu

»Mehrere Jahre lang hatte ich mit meinem Sohn Anthony unglaublichen Stress. Er war total süchtig nach Videospielen und verbrachte manchmal mehr als 15 Stunden vor dem Bildschirm, um Spiele zu spielen, die ich damals einfach nur bescheuert fand. Ich konnte nachts nicht schlafen, war wütend und fühlte mich machtlos, trotz all meiner Versuche, ihn dazu zu bringen, damit aufzuhören. Eines Tages habe ich mir gesagt STOPP, es ist sein Leben, NICHT MEIN LEBEN. Von Zeit zu Zeit brach in mir wieder die Wut hervor, vor allem, als er sein Abitur vermasselte … War ich deswegen eine schlechte Mutter? Anstatt mir Vorwürfe zu machen, ging ich in die Natur, um durchzuatmen und meine Gelassenheit wiederzufinden. Und, zur Information, mein Anthony ist heute Führungskraft in einem Laden für Videospiele, er ist ein außergewöhnlich guter Berater, den die Kunden wegen seiner Professionalität lieben!«

Wie schaffe ich das?

Ich muss einfach anfangen, mir zu sagen: Es ist nicht so wichtig, wenn das Zimmer nicht aufgeräumt ist, wenn ich keine Zeit mehr habe, um einzukaufen, wenn der Ordner nicht durchgearbeitet ist, wenn ich mit dem Projekt in Verzug bin, wenn es nicht so läuft, wie ich dachte … Egal was passiert, lasse die Dinge los, die dich krank machen. Manche Dinge kann man einfach nicht ändern.

➡ Was sind deiner Meinung nach die Vorteile, wenn man mit sich selbst Frieden schließt?

Einige Tricks, um besser loslassen zu können:

➡ Sage dir, dass das Leben kein Kampf, sondern eher ein verrücktes Abenteuer ist!

➡ **Musik** hilft manchmal loszulassen, vorausgesetzt du findest eine, die dich entspannt!

➡ Umgebe dich mit **Grünpflanzen,** Grün ist eine beruhigende Farbe.

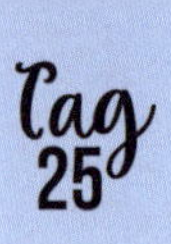

➡ Höre auf, alles kontrollieren zu wollen: Selbst wenn du für alles vorgesorgt hast, gibt es häufig ein Detail, das dir entgangen ist und am Tag X musst du damit klarkommen. Die Welt geht deswegen nicht unter. Du findest einen Ausweg!

➡ Akzeptiere die Situation, ohne dich zu verurteilen. Du kannst absolut beruhigt sein, Probleme, die du abends hast, findest du am nächsten Morgen unversehrt wieder vor. Wozu also die ganze Nacht deswegen wach bleiben? Profitiere lieber von einem guten Nachtschlaf, manchmal sieht man morgens alles klarer.

➡ Nimm dir Zeit, die Dinge zu regeln. Die Zeit kann gewisse Situationen lösen. Wichtig ist, dass du das Gefühl hast, dein Bestes getan zu haben. Ein Anruf, ein Treffen, ein Gespräch kann alles auf die Reihe bringen.

Und wenn du dich blockiert fühlst, solltest du dich fragen: Warum gelingt es mir nicht, loszulassen? Wenn du dich zu sehr an etwas klammerst, steckt möglicherweise ein verborgenes Bedürfnis dahinter. *Was lerne ich aus dieser aktuellen Situation?*

Bist du bereit? Dann los!!!

1. Ruhen lassen

Nimm zwei Blatt Papier. Auf das erste schreibst du das aktuelle Problem. Auf das zweite schreibst du die Situation, die du im Idealfall gerne erreichen möchtest. Falte beide Papiere zusammen und lege sie zusammen in eine Schublade, einen Beutel oder eine kleine Schachtel. Lasse sie eine Weile dort wirken: das Ganze muss sozusagen vor sich hinköcheln. Mit der Zeit wirst du sehen, wie sich, ganz ohne den Dampfkochtopf des Gehirns, Lösungsstrategien zeigen.

2. Deine Stimme!

Zeichne auf ein Blatt Papier ein STOPP-Schild (oder drucke eine Abbildung aus dem Internet aus). Sobald du anfängst, gebetsmühlenartig über etwas nachzugrübeln, holst du dieses Stoppschild heraus und beginnst, zu singen! Ziel dieser Übung ist es, neue Reflexe zu entwickeln, um den negativen Wellen, den kleinen inneren Stimmen entgegenzuwirken, die sich vordrängeln wollen.

3. Praktisch umgesetzt

In welchem Lebensbereich besteht bei dir der meiste Bedarf, loszulassen?

■ Arbeit ■ Beziehung ■ Familie ■ Zuhause ■ Freunde ■ Gesundheit

➡ Wo spürst du eine Blockade bei deinen Vorhaben?

➡ Woran siehst du deine Blockade?

➡ Was kommt dir an der Blockade ganz gelegen?

➡ Wenn du deiner besten Freundin in einer ähnlichen Situation etwas raten müsstest, was würdest du ihr sagen, damit sie loslassen kann?

3 ANTWORTMÖGLICHKEITEN STEHEN ZUR WAHL:

a) Ich lerne, nicht mehr alles zu kontrollieren

b) Ich setze mich hin und achte sofort auf alles, was ich erlebe

c) Ich klammere mich an mein Problem und setzt noch eines oben drauf

Antworten a und b: Du hast alles kapiert.

Antwort c: Nimm dir die Zeit, das Motto des Tages noch einmal zu lesen.

Lachen als Therapie

»Wusstest du, dass Lachen auf den Körper entspannend und regenerierend wirkt? Achte einmal darauf, wie gut du dich fühlst, nachdem du schallend gelacht hast! Die Atmung beschleunigt sich, das Herz wird erst angeregt, dann beruhigt es sich. Unser Körper tankt Sauerstoff und wir fühlen uns sehr wohl! Endorphine und weitere Glückshormone (Oxytocin, Dopamin …) beruhigen, unterdrücken sogar unsere Wehwehchen, bringen Stress, unseren Kummer und unseren Schmerz vorübergehend zum Verschwinden. Das ist der Hammer, also lache! Sollte dir das anfangs schwierig erscheinen, komme häufig mit Personen zusammen, die gerne und ansteckend lachen.

Finde deine Kinderseele wieder: Kinder haben keine Angst, sie sprechen mit den Leuten, brechen in Gelächter aus, sagen, was sie denken … Baue dir nicht selbst Barrieren auf, außer, wenn du jemanden verletzen könntest oder dich in Gefahr bringen würdest. Wenn du eine leichte Angst verspürst, lache schallend, laut, so laut, dass die Angst wie durch Zauberhand verschwindet.«

Bist du bereit? Dann los!!!

Gebrauchsanweisung für das Lachen

1. Das Lachen üben

➡ Stelle dir den Wecker auf 3 Minuten und lache, lache, LACHE laut, dann leise, variiere die Intensität, die Stärke, die Tonlage, den Rhythmus...

➡ Wie fühlst du dich?

....

....

....

Um die Sache zu erleichtern, lache ich zum Rhythmus eines eingängigen Kinderlieds. Geschenkt, liebe Freunde ... probiert es einfach aus!

Meine Geschichte dazu

»Eines Tages ist Anthony mit seinen Rollerblades gestürzt. Ich habe einen Krankenwagen gerufen und als mein Sohn versorgt wurde, konnte ich meine Tränen nicht mehr zurückhalten. Es waren keine Tränen der Traurigkeit, sondern Lachtränen, die man unmöglich beruhigen kann. Obgleich ich den Sanitätern sagte, wie leid es mir tat, lachte ich nur umso mehr. Es war eine Folge des Schocks! Zum Glück litt mein Sohn trotz eines gebrochenen Arms nicht sehr. Ich fühlte mich in diesem Moment dennoch wie eine Rabenmutter.

Der Sanitäter verstand meine Reaktion und beruhigte mich. Nachdem ich mich wieder eingekriegt hatte, fühlte ich mich absolut gelassen, noch besser, als nach einer einwöchigen spirituellen Einkehr in Tibet.«

Kleiner Trick

Wenn ich lache, habe ich vor nichts mehr Angst,
wenn ich geliebt werde, habe ich vor nichts mehr Angst,
wenn ich in Sicherheit bin, habe ich vor nichts mehr Angst.
Meine Erfolgsformel:
L + L + S = Lachen + Liebe + Sicherheit = Ich komme voran.

2. Personen meiden, die Gift verspritzen

Solche Menschen infizieren dich: MEIDE SIE! Pflege keinen Umgang mit ihnen! Angesichts einer solchen giftigen Person stelle ich mir eine Rutsche vor: ich sitze darauf, rutsche hinunter und was die giftige Person zu mir sagt, perlt von mir ab.

Beispiel: Du verlässt den Aufzug, eine giftige Kollegin sagt dir, wie schlecht du heute aussiehst. Ganz ruhig, ohne Bissigkeit oder Aggressivität, antwortest du ihr: *Das ist ja lustig, genau dasselbe habe ich gerade gedacht, als ich dich angeschaut habe.* Das beruhigt sofort, dafür garantiere ich. Und nicht vergessen, dabei zu lächeln, dann ist es absolut entwaffnend!

3 ANTWORTMÖGLICHKEITEN STEHEN ZUR WAHL:

a) Ich verwende mein Lach-Ticket

b) Ich sage mir, dass mein heutiges Verhalten Einfluss auf morgen haben wird

c) Ich ziehe mich zurück, ich will keine Freunde

Antworten a und b: Du hast alles kapiert.
Antwort c: Nimm dir die Zeit, das Motto des Tages noch einmal zu lesen.

»Emanzipiert, befreit!«

Ich entfessle meine Gedanken

»An-ge-kettet: das ist wirklich das richtige Wort, um unsere Unfähigkeit zu erklären, im Leben weiterzukommen. Was setzt uns tatsächlich Grenzen? Was hindert uns daran, das zu machen, was wir wollen, der Mensch zu sein, der wir wirklich sein wollen? Wer errichtet so hohe Mauern vor uns? Wie kommt es, dass wir im Keller feststecken, während wir davon träumen, nach den Sternen zu greifen? Das sind unsere Gedanken. Unsere Gedanken? Wie ist das möglich? Wir haben jeden Tag tausende davon und wir verfügen über die unglaublich wirksame Fähigkeit, sie bis zum Überdruss zu wiederholen. Wir haben jede Menge Überzeugungen, die unser Leben seit Ewigkeiten lenken. Es sind diese persönlichen Behauptungen, die wir für wahr halten und da wir uns an sie klammern, werden sie zu unserer Wahrheit, zu unserer Realität.«

Man kann die Gedanken nach ihrem Einfluss auf unseren Alltag sortieren

➡ **Neutral:** Diese Gedanken beeinflussen dein Leben weder positiv noch negativ.
Beispiel: *Ich denke, dass mein Motorroller in Blau schöner ist als in Weiß. Das verändert den Lauf meines Lebens in keiner Weise.*

➡ **Hilfreich:** Diese Gedanken verleihen dir Auftrieb, motivieren dich, sie erlauben es dir, Etappen zu bewältigen, sie verhindern, dass du Angst empfindest. Sie sind sehr positiv.
Beispiel: *Ich glaube, dass ich Glück habe, das verleiht mir im Alltag Auftrieb und verhindert, dass ich Angst habe. Wenn ich zweifle, schöpfe ich aus dieser Quelle, um mir Mut zu machen und angemessen zu handeln. Einige werden sagen, dass es dieses Glück nicht gibt, aber ich glaube gerne daran.*

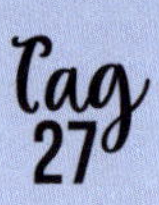

Einschränkend: Diese Gedanken belasten dein Leben, sie ketten dich an und hindern dich am Weiterkommen. Du hast ständig Angst und traust dich nicht mehr.

Beispiel: *Ich glaube, dass ich es nicht schaffe, abzunehmen. Anstatt es also zu probieren, anstatt die Methode zu finden, die mir zusagt, anstatt einige einfache Anpassungen vorzunehmen, behalte ich diese Idee im Kopf und esse noch mehr. Ich sabotiere mich ständig und sobald ich mit einer Diät beginne, ist diese von vornherein zum Scheitern verurteilt, weil sie zu drastisch ist. Mein einziges unbewusstes Ziel ist es, mit meiner Überzeugung Recht zu behalten: ich kann nicht abnehmen.*

An diesen einschränkenden Gedanken werden wir nun arbeiten, denn die anderen sind positiv, die werden einfach beibehalten und schön warm gehalten.

Lernen wir, das Vorhängeschloss aufzuschließen, das uns hindert, uns von unseren Ketten zu befreien.

Ihre Geschichte dazu

»Pech, kennst du das? Oder kennst du vielleicht in deinem Umfeld eine Person, die das Pech anzieht wie ein Magnet? Ich kenne so jemanden! Egal, was sie macht, nichts klappt so, wie sie es gerne hätte, alles geht irgendwann in die Binsen und aus diesem Grund fürchtet man sich davor, sich mit ihr zusammen zu tun. Ich würde sogar sagen, man meidet sie. Diese Person ist nach jedem Scheitern völlig fertig und das Schicksal will es, dass sie dies nicht nur im Alltag erlebt, sondern sich dessen auch bewusst geworden ist und es zu einer fixen Idee macht, sobald man ihr etwas Neues vorschlägt.

Ohne mich, denn ich ziehe das Pech an. Ich fahre nicht mit deinem Auto, weil die Gefahr besteht, dass ich einen Unfall baue, einen Strafzettel bekomme oder eine Panne habe. Ich bleibe solo, weil meine Liebesgeschichten alle eine schlechte Wendung nehmen. Zähle nicht darauf, dass ich deine Blumen gieße, es sei denn, du willst, dass sie eingehen.

So sieht Roses Leben aus, sie kommt damit nicht klar und denkt ständig, kein Glück zu haben. Sie hat sich auf diese Art der Gedanken so konditioniert, dass sie im Autopilot-Modus funktioniert, damit ihre persönlichen, bewussten oder unbewussten Wahrheiten immer Recht bekommen. Diese Realität ist ihr Leben. Man sollte vor allem nicht versuchen, ihr das Gegenteil zu beweisen! Rose braucht in erster Linie ein gutes Coaching! Aber warten wir, bis sie dazu auch bereit ist.«

Wie befreist du dich von Gedanken, die dich am Vorankommen hindern?

Bist du bereit? Dann los!!!

1. Bilanz ziehen

➡ Was hindert mich daran, meine Ziele zu erreichen?

....

....

....

....

....

➡ Welche Behauptungen wiederhole ich gebetsmühlenartig?

....

....

....

....

....

➡ Wo, wann und von wem wurden diese Behauptungen formuliert?

....

....

....

....

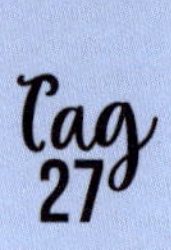

➡ Warum habe ich diese Behauptungen übernommen?

➡ Sagen mir diese Gedanken im Grunde genommen zu?

➡ Wovor schützen sie mich, wenn ich sie als Realität in meinem Leben gelten lasse?

➡ Erlauben es mir diese Gedanken, im Leben voranzukommen?

Nicht vergessen!

Das, was du erlebst, ist kein Schicksal, es liegt an dir, etwas zu verändern.

➡ Was würde passieren, wenn ich diese Gedanken zum Schweigen brächte?

....

....

....

➡ Habe ich einen Beweis dafür, dass das, was ich denke, auch stimmt?

....

....

....

➡ Und wenn es ein einziges Mal kein Schicksal wäre, wie würde ich reagieren?

....

....

....

Bonus :

Heute schon gelächelt?

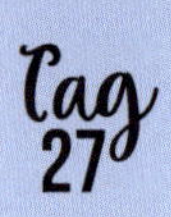

➡ Welchen hilfreichen Gedanken (einen, der dir Auftrieb gibt) könntest du nutzen, um Gedanken einen Riegel vorzuschieben, die dich am Erfolg hindern?

....

....

➡ Wie machen es andere in derselben Situation?

....

....

2. Aktiv werden

Widerlege deine einschränkende Überzeugung, indem du aktiv wirst, um ihr entgegenzuwirken. Es ist immer der richtige Zeitpunkt, anders zu denken und anders zu handeln.

Beispiele für einschränkende Gedanken: *Ich bin zu alt, um … Englisch zu lernen, wie ein Weltenbummler durch die Welt zu reisen, Geige zu spielen wie ein Virtuose oder zu tanzen wie Gene Kelly, meine eigene Firma zu gründen, eine Beziehung einzugehen, noch einmal zu studieren, den Job zu wechseln …*

Ich sage mir »ja, aber …«: das »Ja« repräsentiert deinen Traum, der dich begeistert, das »Aber« bricht deinen Schwung, deinen Wunsch in die Tat umzusetzen.

Aktion: Beginne damit, dich zu dokumentieren. Diese Vorgehensweise mag minimal erscheinen, ist jedoch ein erster Schritt zur Veränderung.

3 ANTWORTMÖGLICHKEITEN STEHEN ZUR WAHL:

a) Ich glaube alles, was mir meine Gedanken sagen

b) Ich trenne zwischen dem, was mich vorankommen lässt und dem, was mich an der Weiterentwicklung hindert

c) Ich bleibe in meiner Ecke und erleide immer mehr und mehr

Antworten a und b: Du hast alles kapiert.

Antwort c: Nimm dir die Zeit, das Motto des Tages noch einmal zu lesen.

Perfekt unvollkommen

»Das heutige Ziel lautet, zu verstehen, dass du mit einem Vorhaben starten kannst, selbst wenn dieses anfangs nicht perfekt ist. Du möchtest gerne zeichnen, kochen, einen Verein gründen, Videos drehen, Yoga machen, singen, tanzen, ein Blog schreiben, Sport treiben – genial! Du musst jedoch wissen, dass am Anfang nichts perfekt sein wird. Das Gute daran ist, dass du in den **ersten Gang geschaltet** hast, du hast die erste Stufe erklommen und wirst mit der Zeit **Fortschritte** machen. Es fällt kein Meister vom Himmel.

Das **Problem des Perfektionismus** ist, dass man überhaupt nichts macht, weil man meint, gleich perfekt sein zu müssen, was lähmend wirkt. Du hast so viel Angst, das Ergebnis könne deiner Erwartung nicht entsprechen, dass du lieber gar nicht erst beginnst. Wie willst du jedoch wissen, was dabei herauskommt, wenn du dich nicht darauf einlässt? In der Folge ist immer noch Zeit, Veränderungen vorzunehmen. Das Wichtigste ist, dass dir das Projekt gefällt und dich in positive Schwingungen versetzt.«

Meine Geschichte dazu

»Als ich jünger war, hatte ich einen Traum: Theaterstücke für Kleinkinder aufzuführen. Ich wusste nicht, wie ich zu Werke gehen sollte, ich war noch nie aufgetreten, wusste nichts über Theaterproduktionen, Theaterstrukturen und Auflagen. Aber ich wusste, dass es mir gefiel, dass ich etwas mitzuteilen hatte: Ich wollte Kinder zum Träumen bringen. Damals war ich Mutter von zwei Kindern, hatte einen Job und das tägliche Einerlei. Stell dir den Tag vor, als ich die Neuigkeit verkündete: *Ich will eine Fee sein!* Ich habe lähmendes Gelächter gehört. Da ich ein sehr, sehr, sehr positives Naturell habe, sagte ich mir, ich hätte mein Publikum bereits erobert. Anschließend habe ich versucht, mit hieb- und stichfesten Argumenten zu überzeugen. Ich habe das Theaterstück geschrieben und inszeniert und habe es gewagt. Nicht ohne Probleme. Anfangs habe ich in meiner Begrüßung gesagt: Kommt Kinder, ich werde euch mein Geheimnis verraten und 150 Kindergartenkinder kamen auf die Bühne. Ich hatte totale Panik! Daher habe ich meinen Text abgeändert. Dank dieser Erfahrung habe ich meine Kompetenzen verbessert, bis ich ein kleines Schmuckstück von Theaterstück entwickelt hatte, das Klein und Groß zum Träumen brachte. Fünfzehn Jahre lang besuchte ich Kindergärten, platzierte Artikel in Fachzeitschriften, Reportagen im Fernsehen, wurde zur Bildungsmesse eingeladen. Ich war beseelt von meinem Projekt.«

Was ist zu tun?

Verbanne den Leerlauf, denn dieser ist die beste Art, an Ort und Stelle haften zu bleiben und zu sehen, wie die anderen dich überholen.
Behalte immer im Kopf, dass das Wichtigste der zurückgelegte Weg ist, nicht der abschließende Erfolg, nach dem Motto »der Weg ist das Ziel«.
Bedenke: Je mehr du tust, desto mehr lernst du!
Deine Stärke ist, dir darüber klar zu sein, was du willst.
Sei schlüssig, um zu überzeugen!

Grundregeln

- Mein Vorhaben soll mich nicht ruinieren.
- Es soll mir viel Freude machen.
- Es soll nichts leicht Verderbliches sein, die Lagerung soll einfach sein.
- Es soll entwicklungsfähig sein (ich kann Dinge hinzufügen oder weglassen).

Und NEIN, es muss nicht von Anfang an perfekt sein!

1. Bilanz ziehen

Ich möchte mich verändern, auch wenn nicht alles auf Anhieb perfekt wird.

- Wer möchte ich sein?

....

....

....

....

- Was muss ich wissen, um das zu erreichen?

....

....

....

....

➡ Welche Aktionen sind nötig?

....

....

....

➡ Welche Erfahrungen brauche ich dafür?

....

....

....

➡ Welche Motivation habe ich, um zur Tat zu schreiten?

....

....

....

➡ Welche Qualitäten sind erforderlich, um das Ziel zu erreichen (wie Ausdauer, Entschlossenheit ...)?

....

....

....

➡ Wo kann ich Hilfe bekommen?

....

....

....

Wie sieht mein Plan B aus?

....

....

....

2. Unbeholfen? Ich?

Schreibe deinen Vornamen mit der rechten Hand, falls du Linkshänder bist und mit der linken Hand, falls du Rechtshänder bist. Beidhändige schreiben mit dem Fuß:

....

....

....

Was stellst du fest? Die Schrift ist zittrig.

Wiederhole die Übung zehn Mal:

1. ....
2. ....
3. ....
4. ....
5. ....
6. ....
7. ....
8. ....
9. ....
10. ....

➡ Hat sich deine Schrift verändert? Sieht sie nun besser aus?

....

....

....

➡ Was sagt dir diese Erfahrung?

....

....

....

3. Rollenspiel

Wie wäre es mit einem Spiel? Dieses Spiel heißt »Wir tun so als ob«. Du wirst dich so verhalten, wie du gerne sein möchtest. Verkörpere diese Person wie ein Schauspieler, drücke dich nicht davor: es ist die **Rolle deines Lebens.** Sei ganz beruhigt, du bist nicht schizophren, wir machen weiter, alles ist gut!

Schon gewusst?

➡ Bitte um Hilfe, lasse dir von deiner Umgebung konstruktive Meinungen sagen und meide Personen, die dich entmutigen oder bediene dich ihrer, um Energie zu gewinnen und ihnen zu beweisen, dass du es schaffen kannst.

➡ Akzeptiere Fehler, auch wenn dir der Blick der anderen weh tut und du glaubst, der Sache nicht gewachsen zu sein. Was die anderen denken ist unwichtig. An dem Tag, an dem du Erfolg hast, werden sie die ersten sein, die zu dir sagen: *Ich habe immer an dich geglaubt, ich wusste, dass du es schaffen würdest!*

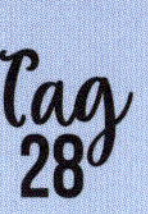

4. Aus Fehlern lernen

➡ Stelle dir die richtigen Fragen:

- Warum hat es nicht geklappt?

- Was habe ich gemacht, was nicht meiner Erwartung entsprach?

- Habe ich eine Etappe ausgelassen? Welche?

- Wie kann ich es bei meinem nächsten Versuch besser machen?

Es ist tatsächlich faszinierend, sich zu irren, weil man sich dann den Kopf zerbricht, um eine andere Lösung zu finden. Es ist wie beim Zauberwürfel: man versucht es, ist genervt, überlegt, versucht es wieder, bis der Tag kommt, an dem es gelingt, weil es uns wichtig ist. Die nächste Etappe ist dann, es in Rekordzeit zu schaffen!

3 ANTWORTMÖGLICHKEITEN STEHEN ZUR WAHL:

a) Ich mache alles, ohne mir tausend Fragen zu stellen, ich glaube sehr fest daran

b) Ich ziehe nach jeder Aktion Bilanz und nehme Anpassungen vor

c) Ich vergrabe den Kopf unter dem Kopfkissen, sage mir, dass ich ein Versager bin und am besten gar nichts mache

Antworten a und b: Du hast alles kapiert.
Antwort c: Nimm dir die Zeit, das Motto des Tages noch einmal zu lesen.

Bestandsaufnahme

meiner wahren Bedürfnisse

»Wer seine Bedürfnisse nicht befriedigt, läuft Gefahr, frustriert, gestresst und demotiviert zu werden. Man meint immer, es gäbe etwas Dringlicheres, Wichtigeres, zuerst müsse man den anderen gefallen. Kurz gesagt werden die eigenen Bedürfnisse in den Hintergrund gedrängt. Ich würde so gerne zur Massage gehen, meinen Jungernflug absolvieren, einen Zumba-Kurs besuchen, Gitarre lernen, aber ich habe im Moment nicht die Möglichkeiten dafür, meine Mutter ist krank und ich muss mich um sie kümmen, meine Arbeit nimmt meine gesamte Zeit in Anspruch, die Familie setzt mich unter Druck … Nun ist der Moment gekommen, unsere unverzichtbaren Bedürfnisse zu erkennen, sonst besteht die Gefahr, dass wir eines Tages explodieren oder uns ans Bett gefesselt wiederfinden. Wie viele von uns warten, bis sie krank sind oder Burnout haben, um endlich zu reagieren? **Die eigenen Bedürfnisse respektieren und befriedigen – das ist hier und jetzt an der Reihe.** Ich setze ganz auf Prävention und Vorausschau.«

Ich bin mir nicht sicher, ob das letzte Paar Schuhe für 200 Euro lebensnotwendig war, aber wer weiß? Wenn du einen fetten Vertrag bekommst, der vom Aussehen deiner Schuhe abhängt, dann ist es okay!

DIE EIGENEN BEDÜRFNISSE ZU BEFRIEDIGEN, IST EINE ART SICHERUNGSMASSNAHME:

- Es ist ein Stressventil (du kannst besser atmen)
- Es ist ein Rettungsring (du hast den Kopf immer über Wasser)
- Es ist ein Auffanggurt (du fällst nicht ins Leere)

Wie geht man am besten vor?

Dem Psychologen Abraham Maslow zufolge lassen sich die Bedürfnisse in 5 Kategorien einordnen und dann in eine Rangfolge bringen, die er in Form einer Pyramide vorstellt. Es sind, von unten nach oben:

1. die physiologischen Bedürfnisse (Hunger, Durst, Schlaf ...),
2. die Sicherheitsbedürfnisse (Schutz, Ordnung ...),
3. die sozialen Bedürfnisse (Zugehörigkeit zu einer Gruppe, Liebe ...),
4. die Bedürfnisse der Wertschätzung (Erfolg, Anerkennung ...)
5. die Bedürfnisse der Selbstverwirklichung (Kreativität, persönliche Entwicklung ...).

Clément Bergon hat seine Nachforschungen zusammengefasst. Solange ein Bedürfnis nicht befriedigt ist, bildet es eine Motivationsquelle. Sobald es befriedigt wurde, taucht ein übergeordnetes Bedürfnis als neue Motivationsquelle auf. Werden also physiologische Bedürfnisse wie Hunger oder Durst nicht befriedigt, sind wir demnach bereit, unsere Sicherheit aufs Spiel zu setzen. Hat man hingegen genügend zu essen und zu trinken, wird man sich um seine materielle Sicherheit kümmern. Als nächstes werden die sozialen Bedürfnisse zur Motivationsquelle. Es ist absolut möglich, dass es zu einem Hin und Her zwischen Spitze und Basis der Pyramide kommt.

Die Befriedigung deiner Bedürfnisse führt also über eine gute Ernährung, Ruhe, Sport, Freizeit, Lachen, Spaß, Wissen, Neugier, Liebe, Freundschaft, Musik, Pflege ... **und muss das ganze Jahr über erfolgen.**

Meine Geschichte dazu

»Ich habe ein besonderes Bedürfnis, das recht hartnäckig ist und häufig wiederkehrt. Was ich auch tue in meinem Leben, ich habe ein tief verwurzeltes Bedürfnis nach Sicherheit und Vertrauen. Ich bin insgesamt sehr vorsichtig, was mich ständig dazu bringt vorauszudenken, um nicht enttäuscht zu werden oder mich in einer schwierigen Situation wiederzufinden. Das beruhigt mich, auch wenn ich natürlich weiß, dass man nicht alles vorhersehen kann. Bei einer Werbeanzeige lese ich systematisch das Kleingedruckte, das sonst niemand liest. Wenn mir jemand ein Projekt vorschlägt, höre ich auf meine Intuition und stelle mir mich dabei vor, wobei ich alle möglichen Risiken berücksichtige. Habe ich die Sache umfassend betrachtet, entscheide ich mich. Wenn dieses Bedürfnis befriedigt wurde, läuft alles. Damit erspare ich es mir, mich in unmögliche Situationen zu bringen!«

1. Bilanz ziehen

➡ Beginne damit, alles aufzuschreiben, was dich frustriert, was dir fehlt, wenn du es nicht hast:

....

....

....

....

....

➡ Was tut dir gut?

....

....

....

....

....

➡ Was bekommt unter den Dingen, die dir am besten tun, die Goldmedaille?

....

....

....

....

Deine Bedürfnisse zu kennen heißt, DIR selbst zu begegnen, der wichtigsten Person, diese Begegnung wird daher auch nicht abgesagt.

2. Weitergehen

Welche Bedürfnisse hast du?

➡ In der Familie: ....

....

....

➡ In der Paarbeziehung: ....

....

....

➡ Für dich selbst: ....

....

....

➡ Auf der Arbeit: ....

....

....

➡ In der Freizeit: ....

....

....

➡ Stelle dir die Schlüsselfrage: Was brauche ich, um mich wohlzufühlen?

- ■ Aktiv zu sein
- ■ Akzeptiert zu werden
- ■ Mich in Sicherheit zu fühlen
- ■ Mich angehört zu fühlen
- ■ Mich nützlich zu fühlen
- ■ Mich geliebt zu fühlen
- ■ Sonstiges: :..

....

....

Hast du dem Leben für das gedankt,
was dir heute begegnet?

3 ANTWORTMÖGLICHKEITEN STEHEN ZUR WAHL:

a) Ich erstelle eine Liste meiner Bedrüfnisse

b) Ich erstelle eine Liste dessen, was mir zum Wohlfühlen fehlt

c) Ich warte, bis ich völlig am Ende bin, bevor ich handle

Antworten a und b: Du hast alles kapiert.
Antwort c: Nimm dir die Zeit, das Motto des Tages noch einmal zu lesen.

Meine Liebeserklärung

Ich liebe mich!

»Wenn ich dich frage, ob du dich liebst, wirst du mir, wie viele andere auch, überrascht antworten: »JA, natürlich!« Offen gesagt stellt man sich nie wirklich die Frage: *Liebe ich mich?,* das erscheint so **offensichtlich,** dabei ist man damit gelegentlich weit von der Wahrheit entfernt. Ich würde sogar sagen, dass man sich nicht erträgt, verabscheut, sich selbst böse ist und leiden lässt. Wie würde man sich fühlen, wenn man lernen würde, sich zu lieben, sich zu verzeihen, sich zu akzeptieren, die eigene Mitte wiederzufinden, sich zu schätzen, sich aufzuwerten? Daraus würde eine Sauerstoffkur in dieser verpesteten Welt.«

Was ist Selbstliebe?

Es ist unsere Fähigkeit, uns um uns selbst und unser Wohlbefinden zu kümmern. Diese Funktionsweise ist keinesfalls belanglos oder überheblich. Coach Olivia Vindry wird dir sagen, **dass die eigene Wertschätzung ein unerlässlicher Schlüssel zum Glücklichsein ist.**

Ich liebe mich zu sehr: Vorsicht vor Narzissmus! Ich kann dir bereits jetzt garantieren, dass es zur Selbstliebe nicht ausreicht, sich zu sagen: *Ich liebe mich, ich liebe mich, ich liebe mich,* während man sich selbst die Hand küsst und ständig Selfies macht.

Ich liebe mich nicht genug: Vielleicht hast du als Kind zu wenig Liebe bekommen, aber keine Panik, du wirst auf einem Lebensweg immer eine präsente, aufmerksame Person finden, die über dich wacht, ohne über dich zu urteilen.

Meine Geschichte dazu

»Lange habe ich zu den Menschen gehört, die auch noch zur Arbeit gehen, wenn sie 40 °C Fieber, eine heftige Mandelentzündung und tierische Schmerzen hatten. Ich dachte, ich würde damit irgendjemandem einen Dienst erweisen, aber wie soll man in diesem Zustand effektiv arbeiten? Bis ich eines Tages, nachdem ich von zehn Stunden Arbeit am Stück, für die ich noch nicht einmal Anerkennung erfuhr, völlig erschöpft war und HALT sagte. Damals habe ich gemerkt, dass ich voll gegen die Wand fahren würde, wenn ich mich nicht besser um mich kümmern würde. Heute bleibe ich, sobald ich kann, alleine und tue nichts. Ich trödle herum und fülle meine Batterien wieder auf: Das ist meine Art, anschließend wieder effektiver arbeiten zu können.«

Fülle diesen Fragebogen aus, um zu sehen, ob es dir an Selbstliebe mangelt:

Du stellst die Bequemlichkeit anderer über deine eigene: *Diese Großzügigkeit ist natürlich sehr nett, aber denke auch an dich! Wer wird das sonst tun?*

Du vernachlässigst dich: *Wozu soll das gut sein?*

Du lässt dich von anderen beleidigen: *Das ist nicht so schlimm ...*

Du akzeptierst eine Situation, auch wenn sie dir nicht gefällt: *Du hältst den Mund.*

Du akzeptierst es, unterbezahlt zu werden: *Das ist normal.*

Du bleibst in der Firma, obgleich dir deine Arbeit dort nicht gefällt: *Immer noch besser als arbeitslos zu sein.*

Du nimmst dir nie Zeit für dich selbst: *Ich habe keine Zeit, also habe ich auch kein Leben.*

Du isst irgendetwas: *Unwichtig.*

Du hast den Eindruck, dass du die guten Dinge des Lebens nicht verdienst: *Das ist nicht für dich gedacht.*

Du tust dir weh: *Ist nicht schlimm.*

Du lieferst dich physisch allen aus, denen du begegnest: *Ich pfeif auf mich, ich bin nicht wichtig!*

Mangelnde Selbstachtung ist kein Schicksal. Sage dir heute: Ich bin wichtig und ich werde mich so lieben, wie ich bin.

Vergiss nicht, dass du dein bester Freund bist.

Wie kannst du dich selbst mehr lieben?

1. Ich liebe dich! Ich liebe sie/ihn! Ich liebe auch mich …!

➡ Welche Person liebst du in deinem Leben am meisten?

....

➡ Wie verhältst du dich dieser Person gegenüber?

....

....

....

....

➡ Behandelst du dich selbst ebenso?

....

....

....

....

2. Ein Ja, das eigentlich nein meint?

VORHER

Schreibe die Situationen auf, die du akzeptiert hast, obgleich du gerne nein gesagt oder das Gegenteil gemacht hättest:

- In der Arbeit: ...
- Zuhause: ...
- Mir selbst gegenüber: ...
- Mit meinem Umfeld: ...
- Mit der Familie: ...
- Sonstiges: ...

HEUTE

Heute wirst du dich anders verhalten, um voller LIEBE in Hinblick auf dein Wohlbefinden vorzugehen. Was wirst du eintragen?

- In der Arbeit (z. B.: Ich lehne es ab, nach 19 Uhr noch zu arbeiten):

...

- Zuhause (z. B.: Ich sage meinen Kindern, sie sollen ihre Teller selbst abräumen):

...

- Mir selbst gegenüber (z. B.: Ich bin wichtig):

...

- Mit meinem Umfeld (z. B.: Ich stehe nicht zur Verfügung, ich habe einen Termin):

...

- Mit der Familie (z. B.: Mama, ich rufe dich später zurück, ich bin beschäftigt):

...

➡ Sonstiges (z. B.: Ich kann deine Katze nicht hüten):

....

3. Alles, was ich liebe!

Sich aufzuwerten ist einer der Schlüssel, um sich mehr zu lieben. Also los! Was liebe ich an mir?

Die Liste ist lang! ....

....

....

....

Meine Botschaft: Liebe dein Leben und gestehe ihm Bedeutung zu, schenke ihm Zeit, Interesse, Sinn, Intelligenz, Lernzeit, ein offenes Ohr … **sonst wird das Leben dich K.O. setzen.**

Ich hätte gerne, dass du dich als Botschafter oder Botschafterin der Selbstliebe verstehst, du bist für diesen Titel verantwortlich.

3 ANTWORTMÖGLICHKEITEN STEHEN ZUR WAHL:

a) Ich akzeptiere es, so zu sein, wie ich bin

b) Ich stelle die Dinge in den Vordergrund, die ich an mir schätze

c) Ich vertilge jeden Abend einige Eisbecher und hoffe, mich zu verändern

Antworten a und b: Du hast alles kapiert.
Antwort c: Nimm dir die Zeit, das Motto des Tages noch einmal zu lesen.

»JA, du kannst deine Träume in die Tat umsetzen, lasse dir von niemandem das Gegenteil einreden. Das ist kein Geschenk für privilegierte Menschen, jeder hat das Recht dazu, aber es ist nicht angeboren, man muss es sich erarbeiten, liebe Freunde! Nun ist es an der Zeit, eine Bilanz der Veränderungen zu ziehen, die in dieser Woche eingeführt wurden.«

Allgemeine Bilanz

Was habe ich in dieser vierten Woche gelernt?

....

....

Welche Ziele habe ich mir gesteckt?

....

....

....

Auf welche Schwierigkeiten bin ich gestoßen?

....

....

....

Welche Lösungen habe ich gefunden, um die Übungen erfolgreich zu absolvieren?

....

....

Welche Vorteile habe ich daraus ziehen können?

....

....

Wie fühle ich mich?

....

....

Warum ist es wichtig für mich, am Ball zu bleiben?

....

....

Tag 22. ICH LERNE NEUES

1. Was habe ich in den letzten Tagen gelernt?

2. Wie bin ich vorgegangen?

3. Bin ich stolz auf mich? (Auf einer Skala von 1–10, wobei du bei 10 sehr, sehr stolz bist!).

0 5 10

4. Was werde ich tun, um auf der Skala bis 10 zu kommen?

5. Was haben die anderen mir an Allgemeinbildung beigebracht?

Tag 23. MEINE ERNÄHRUNG

1. Was habe ich über das Gehirn und die Ernährung gelernt?

2. Wie werde ich meine Ernährung verbessern?

➡ ***Bravo, dass du auf diese Weise für dich sorgst!***

Tag 24. ICH HABE VERTRAUEN IN MEINE INTUITION

1. Habe ich angefangen, meine Intuition zu entwickeln?

☐ Ja ☐ Nein

2. Höre ich eher darauf?

☐ Ja ☐ Nein

3. Waren die Botschaften eindeutiger? Von 1–5 bewerten:

☐ 1 ☐ 2 ☐ 3 ☐ 4 ☐ 5

4. Habe ich die richtige Entscheidung getroffen?

☐ Ja ☐ Nein

Tag 25. ICH LASSE LOS!

1. In welchen Situationen ist es mir gelungen, loszulassen?

2. In welchen Lebensbereichen ist dies für mich wichtig?

3. Welche Übung habe ich dafür gemacht?

4. Was habe ich empfunden?

5. Was habe ich über mich gelernt?

6. Hat mir das gut getan?

☐ Ja ☐ Nein

7. Folgende zwei Verhaltensweisen muss ich möglichst schnell aufgeben:

1 ....

2 ....

➡ ***Und falls du dabei eine Blockade hast, lasse auch dabei los!***

Tag 26. LACHEN ALS THERAPIE

1. Weiß ich einen Witz, den ich erzählen kann?

2. Ich möchte dich mit einem *Lächeln* sehen. Zeichne ein riesiges *Smiley!*

Tag 27. »EMANZIPIERT, BEFREIT!«

1. Von welchen Gedanken habe ich mich befreit?

2. Hat mich das weitergebracht?

☐ Ja ☐ Nein

3. In welcher Weise?

4. In welchem Lebensbereich?

5. Warum ist das für mich wichtig?

6. Was empfinde ich?

7. An welchen einschränkenden Gedanken kann ich das nächste Mal arbeiten?

Tag 28. PERFEKT UNVOLLKOMMEN

1. Habe ich meine Unvollkommenheit endlich akzeptiert, so dass ich im Leben weiterkomme?

☐ Ja ☐ Nein

2. Was habe ich von meiner Unvollkommenheit akzeptiert?

....

3. Habe ich es akzeptiert, mehrere Versuche und Aktivitäten wagen zu müssen, bevor ich das abschließende Ergebnis erreiche?

☐ Ja ☐ Nein

In welchem Bereich/welchen Bereichen? ....

4. Bin ich aktiv geworden?

☐ Ja ☐ Nein

Wie? ....

5. Wie weit ist mein Vorhaben gediehen?

....

Tag 29. BESTANDSAUFNAHME MEINER WAHREN BEDÜRFNISSE

1. Habe ich herausgefunden, was meine wichtigsten Bedürfnisse sind, um zu funktionieren?

☐ Ja ☐ Nein

2. Habe ich sie berücksichtigt?

☐ Ja ☐ Nein

3. Was habe ich über mich gelernt?

....

4. Werde ich künftig darauf achten, meine Bedürfnisse langfristig zu befriedigen?

☐ Ja ☐ Nein

➡ ***Bravo, ich merke, dass du viel mehr an dich denkst, du setzt eine völlig neue Maschinerie in Gang.***

Tag 30. MEINE LIEBESERKLÄRUNG

1. Habe ich die Übung gemacht, NEIN sagen zu lernen?

☐ Ja ☐ Nein

2. Wie oft habe ich zu Gunsten meines Wohlbefindens gehandelt?

....

....

....

....

3. Liebe ich mich?

☐ Ja ☐ Nein

➡ ***Probiere es ausdauernd immer weiter, um noch effektiver darin zu werden.***

Authentisch leben

»Vor ein paar Jahren stand ich auf einem Bahnsteig der Metro. Ein alter Mann war dabei, alle Leute zu beleidigen, die an ihm vorbeigingen. Er wirkte etwas beängstigend mit seinem Geschrei und seiner Trunkenheit. In den Blicken der Passanten konnte man Angst, Unbehagen, Zögern lesen. Das war absolut verständlich. Seltsamerweise hatte ich keine Angst. Spontan habe ich ihm mein schönstes und aufrichtigstes Lächeln geschenkt. Und weißt du, was ich dafür zurückbekam? Dieser alte Mann hat mich angelächelt und mich in den Arm genommen. Weißt du, was ich da empfunden habe? Ein gewaltiges herzerwärmendes Gefühl. Ein echtes Geschenk.

Ich habe mich nicht dazu gezwungen, es war ganz natürlich und ehrlich. In diesem Moment war ich authentisch und echt, ich hatte keine Angst, denn dieser Mensch könnte ich eines Tages sein. Man weiß nie, was das Leben einem bereithält. Ich möchte mich anderen gegenüber so verhalten, wie ich möchte, dass sie sich mir gegenüber verhalten.

Lade dich auf mit guten Wellen und schenke sie jedem, der etwas davon möchte. «

Kennst du diese russischen Puppen, die ineinandergestellt werden?
Jedes Mal findet man darin wieder eine kleinere Puppe. Die kleinste, die wichtigste, die ganz am Ende kommt, ist die authentische Puppe. Wenn sie verloren geht, fehlt etwas Unersetzliches. Egal wer du bist … man wünscht sich deine Authentizität. Du spielst nichts vor, du überspielst nichts: du bist du selbst, mit deinen Qualitäten und deinen Fehlern. Achtung, authentisch sein heißt nicht, geradeheraus zu sagen, was man denkt, sich wie ein Elefant im Porzellanladen zu verhalten und anderen weh zu tun. Ich fordere dich vielmehr auf, mit einer zusätzlichen positiven Absicht authentisch zu sein, das ist besser!

Die persönliche Entwicklung ist ein schöner Fortschritt für einen selbst. Sie erlaubt es, bestimmte Fragen zu beantworten und konkrete Lösungen für Probleme zu finden, denen man im Leben begegnet. Einige Veränderungen sind nicht einfach, andere Dinge erscheinen uns unnötig oder kompliziert. Aber wir versuchen, uns zu ändern. Wir verhalten uns nicht alle wie Weise, aber wir können auf unserer Ebene versuchen, uns und andere zu lieben. Das ist schon mal ein Anfang!

➡ *Danken.* DANKE sagen heißt, anzuerkennen, was uns geschieht, es ist ein überaus einfaches Wort, das man sagen kann, hat jedoch einen **großen Wert.** Ich glaube stark an meinen Schutzengel und sobald ich an ihn denke, bedanke ich mich bei ihm für seine Unterstützung, dafür, dass er mir den Weg zeigt, mich beschützt. Ich bin nicht strenggläubig, aber ich habe meinen Glauben. Danke zu sagen zu dem über dir wohnenden Nachbarn, der deine Wohnung seit Jahren immer wieder unter Wasser setzt – ich verstehe deine Abneigung, ihm dankbar zu sein, aber könnte es nicht ein Zeichen sein, dass du umziehen solltest? Wer weiß! Suche die Botschaft, die dahintersteckt!

➡ *Positiv denken!* Ein unglückliches Ereignis kann der Wendepunkt in einem glücklichen Leben sein. Akzeptiere die schmerzlichen Momente, sie sind da, um dir einen Weg zu zeigen, an den du nicht gedacht hättest oder auf den du dich sonst nicht gewagt hättest.

➡ *Lieben!* Es ist wohl das Ziel aller, sich geliebt zu fühlen und zu lieben, auch wenn wir das nicht so direkt aussprechen. In die Arme schließen, küssen, beschützen … Hast du die Energie bemerkt, die wir empfinden, wenn wir lieben und geliebt werden?
Es gibt uns Kraft, Lebenslust, lässt uns lächeln …
Vergiss nicht, dass dein Lächeln eine schicksalshafte Waffe ist, um eine Verbindung zwischen dir und den anderen herzustellen.
Ein Lächeln erhellt dein Leben, ein Lächeln, das du bekommst, prägt sich in der Erinnerung ein, ein Lächeln ist ein großartiges Foto, ein Lächeln ist **kostenlos** und beruhigt die Person vor dir, ein Lächeln ist ein natürlicher Reflex, den man sich verbietet, es ist ein Geschenk und bricht das Eis. Das spöttische Lächeln vermeidet man selbstverständlich! Lächeln ist ein Moment des Teilens.

Authentisch sein

Bedeutet, **echt zu sein.**
Bedeutet, sich mit seinen Fehlern und Qualitäten **zu akzeptieren,** nicht so zu tun als ob, um einen gewissen Anschein zu erwecken.
Bedeutet, die **Verantwortung** für das zu übernehmen, was man sagt, was man sich und den anderen gegenüber tut.
Bedeutet, sich so zu **lieben** wie man ist.
Bedeutet, damit aufzuhören, viele Worte zu verlieren, **ohne wirklich etwas zu sagen.**
Bedeutet, nicht zu versuchen, ein **anderer Mensch** zu sein.
Bedeutet, ein bequemes Kleidungsstück zu wählen, um **sich wohlzufühlen.**
Bedeutet, im Interesse des Wohlbefindens auch mal **aus dem Rahmen zu fallen.**
Bedeutet, nicht so zu leben, wie andere es erwarten, sondern wie es **dir selbst** entspricht.
Bedeutet, die Person zu sein, die du wirklich bist, wenn du alleine bist.
Bedeutet, die Person zu sein, die sich traut, im Bad zu tanzen und aus voller Kehle zu singen.
Bedeutet unseren **kindlichen Anteil,** unsere Naivität, die wir oft verloren haben.
Bedeutet, dass sich unsere **kreative Seite** zeigen darf.
Bedeutet unsere überbordende **Freigebigkeit.**
Bedeutet, bei einem Film zu **weinen,** der uns bewegt.
Bedeutet, mitten in einer Menschenmenge auch einmal schallend zu lachen.
Bedeutet, **beim Warten** auf die U-Bahn eine kleine Choreografie hinzulegen.
Bedeutet, damit **aufzuhören,** mit anderen zu kämpfen.
Beduetet, sich **frei zu fühlen,** trotz aller Gerüchte, Überlegungen, Meinungen, Urteile, Kritiken …
Bedeutet, nicht mehr gegen die Zeit **anzukämpfen.**
Bedeutet, zu sagen was man denkt, ohne den anderen zu verletzen.
Bedeutet, ohne Scham, ohne Furcht zu sagen **»ich liebe dich«,** es einfach so zu sagen, das wird dir gut tun und auch dem anderen.
Bedeutet, **andere** durch dein Handeln und deinen Umgang mit dir selbst **zu inspirieren.**

Sage danke zu deinem wahren Ich

Dein Herz wird dir sagen, was es heißt, authentisch zu sein – höre darauf. Deine Authentizität ist unter Schichten von Anschein, von oberflächlichem Schutz, von Angst, Urteil etc. verborgen. Lege sie mit einer kräftigen Säuberungsaktion frei und bringe deinen Kopf, deine Worte und deine Taten in Einklang.

Lächeln

➡ Lächle 5 verschiedene Personen an, unbekannte oder bekannte. Wann? Wen?

1 ....

2 ....

3 ....

4 ....

5 ....

Danken

➡ Sage »danke« zu 5 verschiedenen Personen. Wann? Zu wem? Warum?

1 ....

2 ....

3 ....

4 ....

5 ....

Ich liebe dich

➡ Sage »ich liebe dich« zu 5 verschiedenen Personen. Wann? Zu wem? Warum?

1 ....

2 ....

3 ....

4 ....

5 ....

Bevor wir auseinandergehen,

habe ich dir noch etwas zu sagen …

» Im vorliegenden Buch hast du gewisse Dinge zur **Kenntnis** genommen, aber hast du sie dir auch **bewusst** gemacht? Wenn du dir gewisse Dinge nicht bewusst gemacht hast, wird es schwierig werden mit der Veränderung. Es ist aber immerhin ein Anfang! Gelegentlich muss man akzeptieren, **etwas anders zu machen,** mit der Vergangenheit zu brechen, um zur Veränderung zu kommen und bereit sein, sich darauf einzulassen. Sich nicht in der Routine gemütlich einrichten. Versetze dich in Situationen und Ereignisse hinein, plane voraus, um so zu leben, wie du es willst. Was riskierst du damit? Die Dinge sind nicht nur weiß oder schwarz: es gibt vielfältige Möglichkeiten. «

Ich biete dir ein letztes Quiz an. Dieser Leitfaden bleibt dir, wie du weißt. Du kannst ihn bei Seite 1 wieder öffnen und von vorne anfangen oder ihn in deiner Tasche vergessen und in drei Monaten wieder hervorholen.

Erstelle eine Liste der positiven und negativen Dinge in verschiedenen Lebensbereichen (Familie/Arbeit/Beziehung/Freunde/Projekte).

➡ Wenn die positiven Dinge überwiegen: mache weiter so.

➡ Wenn die negativen Dinge überwiegen: tu etwas, so kannst du nicht weitermachen. Denke daran, deine Bedürfnisse zu befriedigen. Was fehlt dir heute?

Stelle dir dich in 3 Monaten vor … Was fehlt dir?

Und in 6 Monaten … Was fehlt dir?

Erinnerst du dich an die Schachtel, um die Zeit zurückzudrehen,
von der ich in der Einleitung gesprochen habe?
Es ist jetzt an der Zeit, sie zu öffnen und die kleinen Zettel
zu lesen, die du hineingelegt hast.
Beobachte diese Zauberei, betrachte die auf die
Beine gestellten Fortschritte, du hast durch deine
Entschlossenheit bereits Berge versetzt.

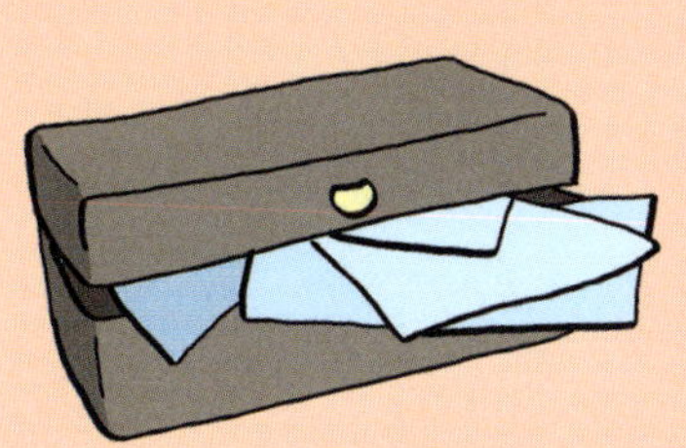

Danksagung

der Autorin an die Coaching-Experten:

Clément Bergon
Amandine Capdeville
Olga Ciesko
Patrice Lacovella
Malou Moulis
Jean-Pierre Padou
Mylène Rejment
Mathieu Schlachet
Sophie Vakili
Olivia Vindry

Und insbesondere meinen Mentoren:
Martin Latulippe
David Lefrançois

Du findest Anna Austruy auf ihrer Facebook-Seite, um weiter zu diskutieren über In 30 Tagen zum neuen Ich.

Ein freundschaftlicher herzlicher Gruß
und ein großes Dankeschön an alle
meine Leserinnen und Leser.